U0782797

“岭南教育文库”·教育理论著作类

中国职业教育区域结构研究

1999–2019年的实证分析

许　玲◎著

广东高等教育出版社
Guangdong Higher Education Press
·广州·

图书在版编目（CIP）数据

中国职业教育区域结构研究：1999—2019年的实证分析/许玲著. —广州：广东高等教育出版社，2022. 7

（岭南教育文库）

ISBN 978-7-5361-7266-1

Ⅰ. ①中… Ⅱ. ①许… Ⅲ. ①职业教育-区域结构-研究-中国 Ⅳ. ①G719. 2

中国版本图书馆CIP数据核字（2022）第110641号

ZHONGGUO ZHIYE JIAOYU QUYU JIEGOU YANJIU：
1999—2019 NIAN DE SHIZHENG FENXI

出版发行	广东高等教育出版社 社址：广州市天河区林和西横路 邮编：510500 营销电话：（020）87551436 http://www. gdgjs. com. cn
印　　刷	佛山市浩文彩色印刷有限公司
开　　本	787毫米×1 092毫米 1/16
印　　张	14. 5
字　　数	208千
版　　次	2022年7月第1版
印　　次	2022年7月第1次印刷
印　　数	1-1000
定　　价	45. 00元

把职业教育的事情想清楚
（代序）

职业教育的改革发展是中国社会和教育领域的一件大事，也是让人们很纠结的一件事。近年来政府一直在努力发展和扩大职业教育的规模，鼓励职业教育院校的建设，可社会与老百姓，甚至是年轻人好像对职业教育总是有点不太亲近的意思，甚至有一点点“冷落”的态度，以至于职业教育院校往往得不到一种公平的待遇，有些考生拿到了职业教育院校的录取通知书也不去报到……这其中当然有非常复杂的原因，涉及不同管理部门政策的合理性与协调性、文化传统的因素、职业教育本身的质量，以及现行的教育与社会评价制度和人才观念的偏颇，等等。于是，有人在抱怨，有人在“吐槽”，有人在高谈阔论，也有人则是避之若浼，等等。可还有这样的人，他们长期在职业教育领域默默地实践着，同时还不断地思考着实践中的各种现象与问题，力求做些改变。我所认识的许玲教授就是这样一个人。她作为职业教育院校的一名管理者，在职业教育领域做了许多工作。在与她交流过程中，我印象最深的是，她总是希望能够把职业教育的事情想清楚。本书就是她在这方面的一个非常有价值的尝试与成果。

职业教育的改革和发展需要做很多工作，包括政策的供给、制度的完善、社会的支持、资源的筹措、师资队伍的建设、课程与教学内容的更新，等等。我觉得，把职业教育的那些事情想清楚，恐怕是一件基础性的工作。从这本书的内容与分析思路看，许玲教授应该算得上是一个想得比较清楚的人。她没有去追随那些时尚的话题，也没有攀附某些高大上的理论，而是站在中国不同区域社会经济发展的角度，从规模与人口、人均 GDP、中高职比值、普职比、产业与专业适配等视角研究与思

考职业教育的结构性问题，并由此提出了中国不同区域职业教育发展的阶段性问题。她通过对中高职比值、职业教育规模相对偏差率、普职比、人均GDP等分项指标的综合考量，将我国31个区域划分为职业教育培育期、上升期、成熟期与缩减期四个阶段，并对各阶段的主要特征进行分析。这些观点是非常合理的。因为处于社会经济发展不同阶段的区域，其职业教育总体规模、层次结构都有迥然不同的特征，因而职业教育发展的目标与政策要适应阶段性的特征，普职教育的分流政策要根据区域在职业教育发展阶段中所处的位置而有区分度，要适应区域职业教育结构随经济发展而演变的趋势。这些对不同区域职业教育的定位与具体的政策供给，以及职业教育院校的改革发展，都具有非常重要且现实的价值。我在这里想说的是，作者分析中国区域职业教育结构的各种变量、角度与思路，提供了一个把职业教育的事情想清楚的很具体并且具有示范性的例证。

把职业教育的事情想清楚，首先得想到“点子”上。尽管职业教育的相关因素与变量非常复杂，但其中具有高度关联性的具体因素，则是产教融合的问题。这是职业教育发展的根本途径，也是职业教育发展的基本规律，是职业教育改革发展中所有问题的关键，是职业教育最根本的治理模式。这种关于产教融合的思考不仅仅是了解它的意义与重要性，更重要的是想清楚产教融合的实现方式与落地途径。这里至少包括三个方面：首先是职教院校职能部门的改革。长期以来，职教院校的职能部门一直是根据政府管理部门的系统设置的。政府主管部门有什么样的职能部门，职教院校则按照对口的思路设置相应的部处和办公室等。这种现象反映了以往计划经济体制的管理模式对职教院校仍然有着很大，甚至是很顽强的影响。因此，职教院校职能部门的改革与系统优化则仍然是一件需要进一步想清楚的事情。例如，根据产教融合的导向，职教院校的职能部门改革必须考虑在适应政府管理体制与形态的同时，加强与增加对应相关产业行业或市场经济要求的职能部门或管理机构，进而能够体现职教院校的定位和治理体系与治理能力的现代化。其次是职教院校师资队伍的建设思路要想清楚。近年来职教院校中“双师型”教师队伍建设已经取得了一定的成效，但实事求是地说，“双师型”教师队伍并不仅仅是学校内部师资队伍的结构模式，而必须是产教融合的一种体现，是选拔与聘任一批相关产业行业中的专业技术人员充实职教院校的师资队伍。这也是产教融合在职教院校师资队伍建设方面的具体体现，是评价与衡量职教院校师资队伍建设水平与质量的重要指标。最后，也是非常根本性的，是必须想清楚这种产教融合如何体现在学校办学经费的构成上。一所职教院校是不是真正实现了产教融合，或者说它的产教融合的程度与水平如何，办学经费的结构就是一个非常简单与直观的指标。显然，如果一所职教院校的办学经费中缺乏来自相关产业或合作机构的资源，这至少表明这所职教院校的产教融合是不够密切的；如果一所职教院校与相关产业或机构的合作中缺乏或者没有实质性的经费或资源，这种产教融合也往往是表面的，至少是浅层次或松散的。更重要的是，职业教育院校办学经费的结构问题，不仅仅是一个经费的问题，其实质是职业教育产教融合的具体体现，反映了职教院校的办学取向，是学校与产业企业合作成效的实质性指标之一，是企业参与办学的重要形式与途径之一。它反映了一所职教院校的学科与专业是否能够得到行业或企业的认可，是否真正具有现实的价值。

把职业教育的事情想清楚，真正理解与落实产教融合的要求，就应该想得“远”一些，即从社会经济发展的水平及其变化，思考职业教育的阶段性，以及不同发展阶段产教融合的形态与特点。从产业的技术构成的水平而言，产教融合的形态正是可以有三个阶段。在产业的技术构成与生产活动的科技含量比较低的时代或发展阶段，经济社会发展与企业对技能型人才的要求大多数是一种基础性或通用性的技能。在这个阶段，技能型人才的主要特征是能够具有比较基础性的知识与通用性的技术。而且，这个阶段的产业发展要求技能型人才具有更好的综合素质，包括基本的标准意识、纪律意识与合作意识，等等。由此也构成了这个阶段产教融合的主要特征以及职业教育的基本定位。随着科技发展与产业的技术构成越来越高，生产活动过程中的技术含量也越来越高，尤其是在市场、行业与产业不断分化的需求变化中，企业发展的针对性也越

来越专门化，产业发展对技能型人才的要求越来越有特殊性，技能型人才的主要特点则逐渐从基础性或综合性转变为高度的专业化。这种市场与行业的分化对职业教育产生了非常重要的影响，包括学校的学科与专业建设也出现了越来越细化与专门化的现象。由此也构成了这个阶段产教融合的定位与主要形态。在信息化与智能化发展的现代社会与经济体系中，新科技革命的发展带来了某种新的挑战与机遇，几乎所有的行业与产业都不可避免地面临着信息化或数字化的改造升级。企业的技术构成与生产活动的技术含量不仅发生了极大程度的提高，更重要的是，它们正在进行着一种新的具有颠覆性的转型。产业的转型升级对技能型人才的要求越来越高。特别是人工智能的发展，生产过程的智能化水平越来越高，所谓的“灯塔工厂”与“黑灯工厂”也使得企业出现了新的形态。而互联网或物联网的发展所建构的虚拟空间也使得参与的发展能够参与传统的物理空间，使得不在现场的因素具有了现实的意义。这种新的要求不仅仅是技术水平的提高，而且是“工作性质的改变”（世界银行2019年报告的题目），是一种思维能力的提升。换言之，数字化时代产业发展所需要的技能型人才所指向的“技能”，不仅仅是某种操作性的高技能，而且包含了思维的技能。这种新的要求使职业教育的建设、改革与发展获得了一种新的需求导向，也为职教院校提供了更大的成长空间与更加恢宏的前景。由此，产教融合也具有了新的意义与内涵。

把职业教育的事情想清楚，切实理解产教融合的阶段性，也必须想得“开”一些，即从不同区域行业产业的特点考虑不同类型的产教融合。显然，行业与产业发展的不同类型对职业教育的产教融合也有着不同的要求。例如，劳动密集型产业或企业、技术密集型的产业与企业、外向型的行业与企业，以及资本密集型的产业与企业，等等，它们对技能型人才的需求都是非常不同的。由此，职教院校的产教融合也应该具有不同的形态与着力点。这里，仅仅以信息化与数字化发展中的技术密集型行业与企业为例。这种高科技行业与企业对技能型人才的需求已经形成了与以往非常不同的要求与聘任标准。按照国际上某些研究的看法，这种“思维技能”包括创造性思考、决策性思考、解决问题的思考、想象力、学习能力以及逻辑能力，等等。因为，随着人工智能的发展，生产活动中某些重复性、程序性的工作、技能与岗位很可能被机器人所替代，越来越多有条件的工作场景将为人工智能所覆盖，智能化逐渐延伸和扩展到越来越广泛的领域，数据也成为新的资源，甚至是资本的新形态。这种变化给职教院校的产教融合提供了新的空间，促使职教院校发现与创新产教融合的新机制，也为职教院校的学科与专业建设，以及课程体系与教学内容的变革，提供新的导向。

把职业教育的事情想清楚，实事求是地认识与分清产教融合的不同类型，还需要想得“细”一些，即从产教融合本身的程度安排职业教育的不同结构类型。从国际比较与职业教育的现实可以看到，根据经济社会发展对人才需求的差异性，职业教育可以有三种业态，即短期培训、学历教育、职业取向的普通教育。所谓的短期培训，指的是针对某种特殊技能或目标所开展的专项职业教育。这种短期培训的范围是非常广泛的：它可以是职前培训，也可以是职后培训；培训对象可以是一般的技工，也可以是高层次的技术人才；可以是大学前的培训，也可以是大学后的培训；等等。职业教育中的短期培训常常以某种证书作为合格的证明，而且，它常常具有非常具体的任务指向。所谓的学历教育，指的是由专门性的职教院校所提供的职业教育，它是一种非常系统化的职业教育业态。这种学历型的职业教育往往与某些行业的需求与特点具有十分密切的关系，并且与这些行业形成非常紧密的产教融合的机制。同时，相关行业企业常常也是这种学历型职业教育最重要的合作伙伴与支撑。所谓具有职业取向的普通院校，指的是以应用型学科与专业为主的某些普通高等教育院校，特别是某些应用技术型的高等学校。这类高等院校的主要特点之一是它们的地方性，其学科与专业结构层次和地方社会经济科技文化发展具有密切的联系，而且，为地方服务也常常是这类高等学校的主要定位与职责。当然，职业教育的这三种业态之间的关系与结构也是根据不同地方的特点，以及经济社会发展的不同阶段而变化的。

其实，把职业教育的事情“想清楚”，要义是强调职业教育的思想与理论建设，这是关系到它的学科水平与社会地位的大事情。坦率地说，

社会上对职业教育的误解之一，则是片面地认为职业教育本身只是一种技能的训练，一种所谓的“高级蓝领”，包括对职业教育院校及其课程，职业教育的教师与学生，以及职业教育在教育体系中的地位，等等。如果职业教育领域的自己人也这么想则就太糟糕了，其不啻是“自毁武功”。但应该承认，职业教育发展的短板之一，也是思想与理论建设跟不上实践的步伐，还达不到一种自觉的程度。殊不知，职业教育也是一门科学，不仅需要“动手”，而且需要“动脑筋”。职业教育的改革，不仅需要“换技能”，而且需要“换思想”。一个学科的学术与社会地位，都与这个学科的思想含量与理论成分有着非常明确的关系。20 世纪英国著名的哲学家、牛津大学沃尔夫森学院的首任院长以赛亚·伯林爵士参与写过一本非常有名的著作《观念的力量》（*The Power of Ideas*），他在其中非常睿智地说道，“我认为，一个学科的学术价值，很大程度上取决于它所含观念与事实的比例。较之‘比例’，‘相互作用’一词无疑更适于描述这种关系；‘比例’一词却更清楚地指出，人们可能忽视思维成分的重要作用，无论是直观思维、经验思维或逻辑思维（演绎、假说—演绎、归纳等思维方式）”①；他认为，评价一个学科的学术价值、地位与水平的高低，关键是看这个学科中观念或思想的份额有多大，或者说，其中思想与事实之间的比例如何。如果在这个学科中，大多数是一些客观事实，而缺乏思想的成分，那么，这个学科的学术价值就不太高；反之，如果一个学科中包含了比较多的思想或观念的成分，它的学术价值就比较高。在伯林看来，逻辑或纯数学，就是没有什么事实因素，而主要是观念或思想因素的学科，而这些学科在科学体系中往往具有很高的学术地位。为了进一步阐明这个观点，以赛亚·伯林举了 19 世纪人们研究某个十年中丹麦奶酪的出口量涨落变化的例子。他说道：这个研究“对经济史家很有帮助，他能据此在这个领域进行创造性研究；另一方面，这些资料也可用来证明某种能预测经济变化的新方法。较之某种精心构思的拓扑想象，研究丹麦奶酪销售量的专家的工作也许更有社会意义”。他接着

① 伯林．观念的力量［M］．胡自信，魏钊凌，译．南京：译林出版社，2019：327.

说，“尽管如此，我们对奶酪专家并不怀有崇高的敬意；我们尊重他的工作，却不尊敬他，理由只有一个：这项劳神费力但难度不大的工作，缺乏思想含量——假说、推理能力、概括能力、对构成整体的不同因素之间的关系的认识”①；他还说：如果一个学者“能比较观念与事实在这些学科相互作用的不同方式，那一定会让人兴奋不已，受益良多。这样的学生不仅会觉得，而且必定是在他那个时代的知识界怡然自得”②。尽管以赛亚·伯林为了强调思想的重要性而不无偏颇地将观念与事实对立起来，但重要的是，他以非常简单明了的方式告诉我们，一个学科的学术与社会地位的关键因素究竟是什么。而且，他的观点对职业教育的建设具有非常直接的意义与价值。

职业教育的进步与发展并不是简单的事实堆积或材料的增加，也非本身单纯地添置各种设备与增加办学经费，等等，而是在设备、材料与资源的基础上，职业教育理论与思想的进步与提升。这是职业教育学科建设发展水平的重要标志。尤其在全球化发展中，职业教育学科的理论性与思想性建设，比以往具有更重要的意义。它是消除社会对职业教育误解的机会，是提高职业教育质量的重要支点，还是加强与提升职业教育办学地位的重要抓手。这种思想性与理论性的建设，包括概念的澄清、范畴的界定、原理的准确，以及结构的优化、体系的完善，等等。其中，职业教育的“地方性”就是一个非常典型的例证。

显然，“地方性”是职业教育的重要特点之一，是产教融合的落脚点。与某些高大上的综合性大学比较，职业教育可能确实有点“土”，即它与地方或区域的社会经济发展或行业产业的关系更加密切，具有更强的地方性。这种所谓“土”的“地方性”，恰恰就是职业教育的优势。职业教育当然可以具有全球化的取向，也应该面向更加广阔与恢宏的世界，但毋庸置疑的是，职业教育的立足点必须是地方，必须具有一种本土化的定位。这种“地方性”是职业教育服务社会的基本面向，是职业教育

①② 伯林. 观念的力量［M］. 胡自信，魏钊凌，译. 南京：译林出版社，2019：328.

改革发展各种因素与变量高度相关的交集与载体，是职业教育深化改革与提升服务经济社会能力，以及推进治理体系与治理能力现代化的基本依托。地方性对职业教育的意义，包含了地方经济社会发展的水平与阶段性对职业教育的基础性约束，地方产业结构与行业形态发展的特点对职业教育的专业性支持，以及不同地方的政治制度与历史传统对职业教育的文化性影响，等等。职业教育与地方或地方的这种直接相关性，构成了职业教育发展的巨大的社会资源与客观基础，是职业教育改革发展的主要依托与重要动能。然而，坦率地说，这种“地方性”也给职业教育带来了不小的“麻烦”。因为，职业教育之所以常常被人们轻视或低看一等的非常重要的原因之一，往往与它的“地方性”有关。在某些人的眼中，职业教育好像只是一种低级的、有限的、缺乏普遍性的知识活动，它更多的只是适应了某些具体地方的需要与特点，只是提供了某些具有明显地方性的日常知识与技能，仿佛是一种比较“土”的教育，而没有普通教育那种“高大上”或所谓“universal”（普遍性或通用性）的价值，因而它的学历证书，或者它的认可范围，含金量似乎都要小一点，以至于职业教育的社会认可与接受程度也就大大地打折扣了，甚至毕业生的待遇也低人一等。这种看法是非常错误的，甚至是一种狭隘的偏见与落后的成见。诚然，与普通教育比较，职业教育的确与地方的经济社会空间文化的发展具有更加密切和直接的联系。它的生源基础、学科建设、专业安排、课程体现与教学内容，以及评价标准与社会网络，等等，都深深地打下了地方的各种烙印。它以服务地方的行业与产业需求，以及满足老百姓衣食住行方面的需求等为办学的宗旨与目标，与企业的发展以及老百姓的生活密切相关，由此成为人民群众和企业家门口的学校与教育。职业教育的这种地方性并不影响它的社会地位与文化价值。实事求是地说，职业教育与企业和行业的正常运行，以及与老百姓日常生活之间的这种关联性，恰恰就是职业教育不可替代的重要价值。

在全球化发展的时代，这种“地方性”更是获得了许多新的内涵与意义。更有甚者，这种“地方性”还正在成为一种社会经济领域的时尚。记得是在21世纪初的某年，我因公务去欧洲某国出差。经过十几个小时跨时区的旅途，我睡眼惺忪、晕晕乎乎地走出了机舱。然而，机场廊桥中的一幅广告词却让我顿时走出了迷糊，即刻就兴奋了起来。“某某银行是一个全球性的地方银行”。我知道，这是一家非常大的全球性的金融机构，是世界500强的超大企业。可它为什么还要宣称自己是一家地方银行呢？难道这种说法仅仅是一个噱头，或者它是另有深意。我不由得驻足在这幅广告面前仔细端详了一番，试图通过感官上的刺激给我带来某种启示与灵感。这次偶然的视觉邂逅也让“地方性”一类的概念与话语成了我关注的一个学术与现实问题。从大量的文献与经验中可以看到，在全球化时代，由于信息技术的发展，互联网与物联网的建设，世界已经成为一个“地球村”，扁平化的交往结构与越来越快捷的通信方式，已经使得地方获得了新的发展空间与更大的内涵，并且成为学术界的一个热门话题。由此，“地方性”已经成为一个需要重新定义的概念。而且，这种“地方性”还在学术圈与社会上获得了一个非常时尚的名称——“本土化”。如今，不仅这家全球性的金融机构在追求“地方性”或“本土化”，而且，许多综合性大学等也都在赶时尚般地以这种“地方性”或“本土化”来定义自身的服务面向。殊不知，这种“地方性”才是职业教育最根本的“基因”。职业教育的改革发展必定能够凭借这种新的“地方性”而获得更高的地位与拓展更丰富的内涵，我甚至认为，职业教育改革发展的成败，往往取决于它的地方性。而把职业教育的这种“地方性”的优势充分发挥出来，必须凭借理论的建设与思想的解放。

其实，加强职业教育的思想理论建设，把职业教育的事情想清楚，和职业教育的具体实践是同样重要的。我甚至认为，在当前职业教育的改革发展中，思想与理论建设恐怕更重要。教育这件事是最怕稀里糊涂的，也是最不能想当然的。百年未有之大变局中的科技革命对职业教育究竟是一种什么样的机遇？它对职业教育形成了怎样的挑战？职业教育在产业数字化与数字产业化的过程中究竟应该做什么样的改革？在新的社会经济形态与科技发展的基础上，职业教育与普通教育的区别与重点究竟是什么？目前议论纷纷的高中阶段普通教育与职业教育的比例的根据是什么？特别是在高等教育进入普及化阶段以后，这个比例是不是也

需要有新的规划？说了多少年的普通教育与职业教育之间的“立交桥”究竟应该如何搭建？……在时代变革与社会转型时期，在行业产业出现转型升级的过程中，与经济社会发展的现实唇齿相依的职业教育往往更需要思想与理论的引领，必须有更加清醒的头脑，进而能够在各种可能性中更加明睿地分析与判断自身的选择与走向。切不可懵懵懂懂、人云亦云，或者是骑驴找马、边走边看。必须对自身的优势、特点与短板有自知之明，必须对社会经济以及相关行业产业的发展有比较科学的预期，必须对产教融合的机制有合理的把握……总之，需要把职业教育的事情想清楚。

加强职业教育的思想与理论建设，把职业教育的事情想清楚，还真的是一件比较难的工作。它需要全面理解与领会国家的政策，掌握多学科的综合性知识，深入了解地方与行业产业的实际，市场的资源与社会的需求，以及职业教育的内在规律，等等。它需要有实事求是的调查，需要有科学系统的理论视野，还需要有设身处地的感同身受。更重要的是，你必须愿意去想，努力去想，坚持去想，理论与实践相联系地想，并且与大家一起想。千万不要以为，这种“想清楚”是理论工作者的事情，是单纯学术的事情。其实，它就是每一个职业教育工作者的职责。教育工作者都必须是一个思想者，职业教育同样如此。想不清楚的事情，是很难干成功的；认识水平上不去，工作水平也很难上到什么层次。

在职业教育的思想与理论建设中，在力求把职业教育的事情想清楚这件事上，许玲教授的这本专著与其中的专业性观点，以及所体现的职业精神与科学态度，严谨的思考逻辑，以及她想事情的方法、角度与思路，是值得我们参考的，更是值得我们赞赏的。

是为序。

谢维和

2022 年春节于清华园荷清苑

前　言

我国的职业教育经过多年的快速发展，已经初步构建了规模庞大的现代职业教育体系，在目前规模发展已经达到一定程度的基础上，优化结构已经成为我国现阶段职业教育改革发展的重中之重。本书从经济学的供给与需求的分析视角构建了一个职业教育结构合理性的分析模型，从三个层面构建了区域职业教育结构合理性的评价体系：第一个层面是区域职业教育结构合理性评价的理论依据；第二个层面是区域职业教育结构合理性评价的理想标准；第三个层面是区域职业教育结构合理性评价的实践判据。

本书采用定性与定量相结合的研究方法，从规模与人口、人均 GDP、中高职比值、普职比、产业与专业适配等视角对我国 1999 年至 2019 年的区域职业教育从布局结构、层次结构、专业结构（数据均未含香港特别行政区、澳门特别行政区和台湾省）进行了研究。研究结果表明：第一，我国整体职业教育层次结构是典型的金字塔形状，但是各个区域职业教育层次结构正经历着从金字塔形到纺锤形的演变过程，这个演变过程与人均地区生产总值的提高过程是一致的。第二，我国各区域高中阶段教育的“普职比”与人均地区生产总值没有明显的相关性。第三，职业教育总体规模与经济社会发展的需求基本吻合，职业教育资源的分布特征是以中心城市为中心点状集聚型分布；存在的主要问题是职业教育层次太低，服务于第一产业与第二产业的专业大类的在校生比例偏少，专业结构时间纵向变化所呈现出的是“等比例放大”的特征。

本书在对区域职业教育结构研究的基础上，提出了我国区域职业教育发展阶段性的观点，并依据中高职比值、职业教育规模相对偏差率、普职比、人均 GDP 等分项指标的综合考量，将我国 31 个区域划分为职业教育培育期、上升期、成熟期与缩减期四个阶段，并对各阶段的主要特征进行分析。对区域职业教育发展划分阶段的最大意义在于：处于不同职业教育发展阶段的区域，其职业教育总体规模、层次结构都有迥然不同的特征，因而职业教育发展的目标与政策要适应阶段性的特征，普职教育的分流政策要根据区域在职业教育发展阶段中所处的位置而有区分度，要适应区域职业教育结构随经济发展而演变的趋势。

MULU

目录

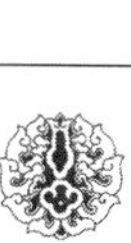

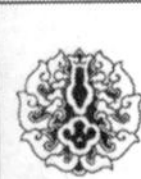

BIAOMU

表目

TUMU

图目

第1章　引　言

2019 年 2 月 13 日是我国职业教育发展过程中一个重要的日子，当天国务院印发《国家职业教育改革实施方案》，该实施方案出台的背景是我国正处于决胜全面建成小康社会和建成社会主义现代化强国的历史交汇期，2035 中长期目标和 2050 远景目标都对职业教育提出了新的更高要求。该实施方案对我国职业教育提出了全方位的改革设想，涉及职业教育从体系到标准、从培养到培训、从机制到经费等全链条的内容，确定了我国职业教育全方位的改革路径与目标，可以说是我国多年来职业教育改革性文件的集大成者。方案中明确职业教育和普通教育是两种不同的教育类型，具有同等重要地位；明确提出职业教育要为全面建成社会主义现代化强国提供有力的人才支撑；加快发展现代职业教育，既有利于缓解当前就业压力，也是解决高技能人才短缺的战略之举；职业教育要主动适应供给侧结构性改革需要，加强技术技能积累，努力站在服务国家战略最前沿，为建设现代产业体系提供支撑。

回顾我国职业教育波澜壮阔的发展之路，1999 年也是一个不平凡的年份。1999 年 1 月 13 日，国务院向各省、自治区、直辖市人民政府，国务院各部委和各直属机构印发了《国务院批转教育部面向 21 世纪教育振兴行动计划的通知》，该计划是面向 21 世纪我国教育改革和发展的施工蓝图，是谋划未来发展的教育振兴行动计划；该计划的第 32 条明确提出了积极发展高等职业教育的方针政策。从 1999 年至今，20 多年过去了，我国职业教育不断发展壮大，成绩有目共睹，但问题也是突出的；虽然目前我国现代职业教育体系框架已经建成，但体系仍不完善，存在结构

失衡的情况，相关制度标准还非常欠缺，人才培养质量的水平与差异非常大，职业院校与企业的产教融合协同度也不够[186]。

今后我国的职业教育如何能做到结构规模更加合理、院校布局和专业设置更加适应经济社会需求是重点。本书聚焦我国 1999—2019 年 20 年间区域职业教育的结构变化，研究我国区域职业教育布局结构、层次结构与专业结构的现状，探究区域职业教育结构演变的轨迹，并在实证分析的基础上提出对区域职业教育结构优化的思考。

1.1 研究背景

我国职业教育在改革开放之后得到了很大的发展，职业教育逐步得到了全社会的重视，从国家政策层面看，近年来，针对职业教育的发展出台了系列文件。从 1985 年的《中共中央关于教育体制改革的决定》到 2014 年的《关于加快发展现代职业教育的决定》，再到 2019 年《国家职业教育改革实施方案》，都对调整职业教育结构，构建现代职业教育体系提出了明确的要求。

近年来，我国职业教育从数量上来看，发展速度非常快，不论是近年开始实施的本科层次的职业教育（也称“职教本科”），还是属于专科层面的高等职业教育，或是属于高中阶段教育的中等职业教育，从在校生的体量来看，过去的 20 年总体而言是增长的，当然中间有波动：从 1998 年职业教育在校生开始一路走低，到 2004 年中等职业教育在校生占高中阶段教育的比例达到阶段性最低值 38.60%，之后开始回升，到 2010 年基本实现两个“大体相当”，即我国中等职业学校在校生已经达到与普通高中教育在校生“大体相当”的规模，我国高等职业教育招生人数也与普通本科基本相当，规模发展不可谓不快，从 2010 年之后，我国中等职业教育在校生数量逐步下降，高等职业教育在校生稳步增长。但是在职业教育规模快速发展的同时，以下三个现象特别值得我们重视。第一，整个社会对于技能型人才的渴求并没有得到缓解，表面上看是职业教育“供给不足”的症状，从珠三角到长三角，蔓延全国的技工难求一直伴随着职业教育规模的扩大过程；第二，在某些区域、某些专业，职业教育毕业生的对口就业率并不高，初始就业工资也不高，这些问题似乎是职业教育“需求不足”的症状，显然不是简单的“职业教育的规模从总量上仍然不能满足社会经济发展的需求”所能涵盖的；第三，职业教育，尤其是中等职业教育招生难已经是一个老大难的痼疾，招生难说明目前职业教育的吸引力仍然不强。

综合分析以上三个现象，我国职业教育目前遇到的既不是单纯的“供给不足”问题，也不是单纯的“需求不足”问题，蔓延全国的技能型“人才荒”其实是职业教育结构与经济社会发展不适应的表现。目前我国职业教育发展的症结是什么？如何评价目前中国职业教育存在的问题？职业教育是规模性短缺还是结构性矛盾？要回答这些问题，还需要深入研究职业教育结构，从职业教育结构与经济社会发展的适应度、与产业结构和技术结构的适应度进行研究。笔者从职业教育结构均衡度及合理性分析入手，探究广东职业教育结构的变化轨迹，分析引发其结构变化的机理和动因，试图在分析职业教育结构变迁主要影响因素以及机制的基础上，厘清职业教育结构合理性的判别标准，进一步探索区域职业教育结构性与经济发展的适应程度，以期能为我国职业教育区域发展提供一定社会价值和理论参考。

选择区域角度研究职业教育结构，并将区域的范围界定为省（自治区、直辖市）源于以下三方面的因素：第一，相比较于高等教育与基础教育而言，职业教育与区域社会经济发展的联系更紧密，这是由职业教育的本质决定的。区域职业教育发展的基础是区域的产业结构与经济发展状况；反过来，区域职业教育培养的技能型人才又是经济与产业发展的人力资源支撑。第二，我国幅员辽阔，各个区域经济社会发展的程度不同，区域职业教育的地方政策也不同，区域财政对职业教育的经费支持程度也不同，而这些因素都是影响区域职业教育发展的重要因素，因此目前区域间职业教育发展的差异程度是很大的，并没有一个适合各个区域的职业教育标准结构。第三，我国目前的高等教育实行的是国家与省两级管理体制，由于高等职业教育目前体量最大的是专科层次与本科层次的高等职业教育，基本都是属于省、市级统筹的范畴，中等职业教育则基本属于市级统筹的范畴，因此省、市两级政府在教育发展中具有

较大的行政调控能力，可以通过制定地方性的系列政策、转移支付等措施，实施有效的调控。因此，本书以省级为区域单位研究职业教育是合理的。

1.2 研究意义

区域职业教育结构研究在我国教育研究领域中一直处于比较薄弱的状态，尤其是在我国社会转型、经济结构产业结构升级的大背景下，职业教育面临结构性的诸多矛盾。因此，开展本研究具有十分重要的理论价值和实践意义。

1.2.1 深化区域职业教育结构与经济发展契合的规律认识

综观发达国家和发展中国家的发展轨迹，职业教育与经济的协调发展呈现出两个明显的特征：一是不同的工业化发展阶段，如工业化初期、中期、后期，对人力资源的需求呈现出不同的特点，对职业教育的结构相应有不同的要求；二是职业教育在适应经济发展的过程中，呈现出主动适应与被动调整等不同的协调方式。由于国情和社会制度的不同，国外对此类问题的研究对我国只具借鉴意义，其研究结论与成果更不可能直接拿来用于指导我国职业教育的实践。因此，探究我国区域职业教育结构演变与经济发展之间的相互关系，揭示我国区域职业教育结构演变规律，具有重要的理论意义。

据中国社会科学院经济学部与工业经济研究所发布的工业化蓝皮书《中国工业化进程报告》（1995—2020），认为经过改革开放以来 40 多年的快速工业化进程，从各项指标显示，我国整体目前已经进入了工业化中期阶段[91]，但同时也告诉我们我国以前那种粗放型增长方式已没有出路，经济增长方式转型已到达关键时期，是否能顺利实现经济增长方式转型、产业结构升级的关键是人力资源。虽然我国是否已经面临“刘易斯拐点”还无定论，但是我国现在劳动力总量优势逐步消失确是事实。目前职业技术“人才荒”现象频现，因此，需要深度分析我国构建现代产业体系对技能型人才队伍的结构性需求，分析我国职业教育中各科类的比例、中高等职业教育与高等职业教育的层次比例，还有在这些年快速发展过程中存量与增量的关系等问题；更重要的问题是在职业教育与经济发展的互动关系中，职业教育与当前的产业结构是否相适应，职业教育是主动适应产业结构还是被动调整。对这些问题的回答是我国构建现代职业教育体系的基础，也是支撑我国产业结构升级的人力资源的保障。因此，研究区域职业教育的结构在经济发展过程中的变化规律具有重要的现实意义。

1.2.2 揭示区域职业教育结构变化的机制与趋势

首先，从职业教育理论的角度出发，职业教育的一大特性在于其地域性，地区的经济社会发展水平往往会决定其职业教育发展水平。因此，不同区域的职业教育因经济社会发展状况不同而有所不同，区域性的职业教育存在多样性的物质基础。其次，从改革实践上看，目前全国对于国家层面的职业教育结构调整发展策略并没有放之四海而皆准的规则，尤其在布局结构、专业结构、中高职衔接的方式、途径等方面。目前的做法是各地先行先试，积累经验。最后，本书选择的区域研究案例为广东省，是因为广东的发展在我国各个省份中具有很强的代表性。广东是我国改革开放的先行先试地区，借助于比邻港澳、地处沿海的优势，广东的经济已经持续40多年高速发展，从当年“三来一补”劳动密集型的工厂的大量招聘普工，到现在自动化、智能化升级换代中对高素质技术技能工人的渴求；可以说，广东改革开放40多年来的发展历史就是我国整体经济发展历程的一个微缩版，同样地，广东对职业教育供给与需求的历史也是我国职业教育发展历程的一个微缩版。因此，研究广东的职业教育，对全国而言具有示范意义，这就是本书选择广东作为案例省份的意义。

1.3 研究内容

本研究以我国区域中高等职业教育1999年至2019年的结构变化为研究对象，深入研究了我国区域职业教育结构的现状，探究区域职业教育结构合理性判别的理论与方法，并在实证分析的基础上提出对区域职业教育结构优化的思考。

首先本研究从经济学的供给与需求的分析视角构建了一个职业教育

结构合理性的分析模型，拟解释区域职业教育总产出（接受职业教育的毕业生）和影响职业教育产品数量的各种调节因素（市场调节与政府调节）之间的关系。拟在区域职业教育供给与需求模型的基础上，从三个层面构建区域职业教育结构合理性的评价体系：第一个层面是区域职业教育结构合理性评价的理论依据，第二个层面是区域职业教育结构合理性评价的理想标准，第三个层面是区域职业教育结构合理性评价的实践判据。

本研究对我国31个省（自治区、直辖市）职业教育的规模与布局结构、层次结构与专业结构进行深入的研究。在规模与布局结构合理性研究中，从总体规模、布局情况、毕业生就业情况、规模与人口等视角进行了分析；在专业结构合理性研究中，从职业教育结构与区域产业结构适应程度、与其他经济发展相近的省份比较等角度进行了分析；在层次结构合理性研究中，从高中阶段教育“普职比”的视角、高等教育“普职比”的视角、人均地区生产总值与教育“普职比”视角进行研究。

本研究在对区域职业教育布局结构、层次结构、专业结构研究的基础上，提出了我国区域职业教育发展阶段性的观点，并依据中高职比值、职业教育规模相对偏差率、普职比、人均GDP等分项指标的综合考量，将我国31个区域划分为职业教育培育期、上升期、成熟期与缩减期四个阶段。对区域职业教育发展划分阶段的最大意义在于区分处在不同发展阶段的区域，其职业教育总体目标、规模、层次结构都有迥然不同的特征。

最后对我国区域职业教育结构优化途径进行理性思考。一是从教育研究者到各级教育主管部门要正确认识区域职业教育发展的阶段性，其中重点是要对区域职业教育发展呈现阶段性的本质含义有正确的认识，针对阶段性的特征要合理定位区域职业教育的发展目标；二是根据区域职业教育发展的阶段性，区分区域职业教育政策的适应性，包括明确中等职业教育与高等职业教育的培养定位、适时调整高中阶段教育的普职比例等；三是促使区域职业教育结构调节方式的转变，包括加快我国职业教育供求驱动模式的转变、区域职业教育结构的政府调节方式的改进与区域职业教育管理体制的理顺。

第 2 章　研究对象与文献综述

2.1　研究对象

开展区域职业教育结构研究，首先应该厘清几个基本概念。首先是职业教育，其次是教育结构，最后是区域、区域职业教育结构的研究范围等。这些是本研究的基本概念。

2.1.1　职业教育

关于职业教育（vocational education）的解释很多，《教育大辞典》中指出，职业教育是指“在学校内或者学校外为提高职业熟练程度而进行的全部活动，它包括学徒培训、校内指导、课程培训、现场培训和全员再培训”[86]。总之，为工作做准备是职业教育的主要目标，虽然不同国家在不同历史时期对于职业教育的表述不尽相同，有技术和职业教育、职业技术教育、职业教育等。根据1996年颁布的《中华人民共和国职业教育法》的提法，统一使用“职业教育”这一称谓。

职业教育本应包括学历教育与非学历教育两大部分，考虑到我国目前职业教育的主体为学校形态的学历教育的现状，本书所研究的“职业教育”概念限定在学历教育范围内，包括中等职业教育与高等职业教育两个层次，其中高等职业教育按照教育部的统计口径为高等职业技术院校的教育，中等职业教育指的是属于高中教育阶段但不属于普通高中教育的学历教育，包含普通中等专业学校、技工学校与职业中学教育。

2.1.2　教育结构

对于“结构”的确切定义，有“结构是指事物的构造组成，是事物

系统内部诸要素相互联系或相互作用的方式，即系统诸要素在时间、空间、人际间以及其他广义空间中的相对位置和在不同性能等方面的相互搭配，以及相互之间的联结方式”[23]。结构是事物内部诸要素的关系，有三层含义，一是结构内部数量的比例，这是结构的一个重要内容，二是结构内部要素间的关联方式；三是结构内部要素在时间及空间的形态[23]。

“职业教育结构”一般指的是职业教育系统内各要素相互作用、相互关联的方式，以及职业教育内部各要素和外部环境的关系[119,100,103,105,106]。职业教育的结构是指层次结构、专业结构、形式结构和布局结构等；职业教育的层次结构也称职业教育的水平结构、级别结构、程度结构或纵向结构，主要是指各类职业教育在校学生数（中等职业教育、高等职业教育）占职业教育系统在校生数的比例。职业教育的专业结构也称横向结构，主要是指相同层次的各类职业教育在校生数占全部职业教育系统在校生总人数的比例。

目前我国的“高等职业教育”指的是我国高等教育体系中具有较强职业性和应用性的一种教育，属于专科层次的教育。教育部对于高等职业教育的学历教育的统计口径为高等职业技术院校的教育。本书选取高等职业教育当年的招生人数作为高等职业教育规模的表征指标。

目前我国的“中等职业教育”指的是在高中阶段进行分流的、与普通高中处于同一个教育层次的职业教育。本书对于职业教育研究的层次范围界定为学历范围内的中等职业教育与高等职业教育，不包含应用型本科及专业硕士层次的教育。

2.1.3　区域

区域职业教育结构是指具有相应紧密联系、具有相同的地域环境和政策环境、具有一定的发展指向的职业教育结构系统。区域职业教育结构是一个独立的系统，也是国家职业教育结构中的一个子系统。由于我国幅员辽阔、各省份间经济发展与教育发展的差异都很大，将区域职业教育作为研究对象是必要且合理的。本研究所探讨的区域职业教育指的是主要由省级政府统筹，并提供发展所需资源，主要服务面向也主要是为本省经济社会发展服务。在此所指的区域职业教育在空间上是限于一个省域行政范围的，即区域职业教育在此是指在一个行政省范围的，其所属职业教育机构所举办的职业教育事业。

2.2 文献综述

“区域职业教育结构研究”命题所要关注的是区域职业教育结构是否合理，判别区域职业教育是否合理的判据是什么，区域职业教育结构是如何演变的，区域职业教育结构优化的途径与方式是什么。基于上述考虑，笔者主要从“区域职业教育结构的优化”“职业教育结构合理性的评价标准”“广东职业教育结构”等方面对国内外相关研究成果进行梳理。

本研究的相关文献主要来源于三个渠道：第一，通过图书馆查阅已经出版的专著；第二，通过电子文献资源库查阅已经发表的学位论文与期刊论文，有中国期刊网、万方数字化期刊、人大复印报刊资料网络版、EBSCO 全文数据库、中国优秀博士论文数据库等电子资源库；第三，广东省教育厅高教处、高中与中职教育处为本书提供了相关的政策法规文件与广东省职业教育的相关数据。通过文献检索，本书共查阅相关著作30 余部，相关论文 330 余篇，相关政策法规文件 30 余部。以下就与本书相关的主要文献进行专题综述。

2.2.1 我国职业教育改革发展研究现状

改革开放 40 多年来，中国社会经济的变化是巨大的，职业教育事业也取得了很大的发展。目前，中国经济正处在从技术、产业、增长方式等的全面转型时期，中国社会也处在体制转型、社会结构变动、社会形态变迁的转型之中。在新的社会经济环境下，职业教育如何才能更好地为经济社会发展服务，这是我国职业教育发展中急需解决的重大实际问题。

我国职业教育改革发展研究领域的研究成果非常丰富，按照研究内容进行梳理，基本是沿着以下几个思路展开的：第一是对于我国职业教育现阶段使命与任务的研究，多位学者都从我国目前经济发展需要大力发展职业教育展开。其中石伟平（2014）提出当前我国经济发展处在极

其重要的转型期，经济发展由“出口导向”向“内需拉动”转型，企业发展由“劳动密集”向“知识密集”和“技术密集”转型，通过“新型城镇化”，解决“三农”问题，促使广大农村人口尽快富裕起来“拉动内需”，国家要实现这一战略目标离不开职业教育[1]。陈明昆（2010）认为经济转型期中国职业教育实现可持续发展的社会必要性和现实意义是非常大的[2]。王全旺、周志刚（2009）认为职业教育必须直面劳动力市场发展现实，适当控制规模，稳步提升质量，教育结构应与劳动力市场对劳动力技能需求相吻合[3]。米靖（2020）认为我国需加快发展现代职业教育助力实体经济转型升级，赋予职业教育前所未有的重大使命，并与实体经济同部署、同推进，破除创新创业的劳动力市场障碍，全面提倡和培育工匠精神[4]。朱德全（2021）提出新时代职业教育要自觉围绕产业人才需要而“转”、随着经济增长方式转变而“动”、适应社会和市场需求而“变”、跟着产业结构调整升级而“走”，这是职业教育促进区域经济高质量发展的时代责任和战略愿景[5]。

第二是我国构建现代职业教育体系的路径与策略研究。姜大源（2011，2014）在系列论文中全面分析了现代职业教育体系中的若干个关键问题，提出了职业教育与普通教育是同层次不同类型的教育，中等职业教育与高等职业教育是同类型不同层次的教育的观点，职业教育是一个跨界的教育，必须吸收行业、企业的参与的观点，建立经费投入长效机制的观点，以及现代职业教育体系的构建应该具有大视野，应涵盖正规教育、非正规教育和非正式教育的观点[6,7]。还有肖凤翔和薛栋（2012）、黄尧（2012）、杨金土（2012）等作者都从不同的角度对我国现代职业教育体系的构建提出了建议[8,9,10]。张军平（2019）、刘任熊（2020）、田静（2021）等提出构建现代职业教育体系，要适应经济发展方式和产业结构调整的要求，凸显终身教育理念、协调发展理念和职业教育类型特征[11,12,13]。杨磊（2020）认为当前我国现代职业教育体系已进入新阶段，职业教育“类型化”变革的条件基本形成，国家资历框架正在不断消弭不同教育类型之间的绝对边界，职业教育从“跟着跑”到与社会经济协调共生[14]。孙芳芳（2021）认为夯实职业启蒙教育基础，建立国家资格框架制度，多元分散并协同治理，应当成为现代职业教育体系建设的推进路向[15]。

第三是对我国构建现代职业教育发展阶段的比较研究。陈衍（2010）借鉴和运用当代国际竞争力理论与评价体系，对世界各国和地区职业教育规模竞争力水平进行度，结果显示，职业教育规模国际竞争力水平与人均 GDP 呈现动态平衡性，我国职业教育规模还不能充分满足社会需求，应适度扩大[16]。张宁（2009）提出在高中阶段大规模分流对于世界上很多国家来说已经是过去时，从内涵方面来说，在缩小中等职业教育入学比例而扩大普通高中入学比例的同时要对普通高中的课程进行改革的观点[17]。姜大源（2011）归纳出世界范围的职业教育发展趋势是从狭义到广义，从刚性到柔性，从双轨到双元，从封闭到开放，从单一到综合，从双边到多边，从多样到一体，由此推演出定界到跨界的拓展的世界职业教育发展趋势的观点[18]。岳金凤（2018）依据 OECD 国家教育发展水平衡量指数，以规模、结构、质量、投入、保障、机会等为基本维度，建立指标体系进行比较，结果显示，当前我国职业教育发展水平总体处于 OECD 国家的中等层次，但呈现出快速成长性和追赶性，高等职业教育的增长空间较大，并且需要加快向终身教育转型[19]。

以上的研究表明，构建现代职业教育体系是现阶段我国职业教育发展的主要任务，对经济社会转型发展具有重要的意义。但是我国区域发展差异很大，现代职业教育体系的构建不可能有全国统一的模式，因此，区域职业教育的发展与区域现代职业教育体系的构建是学者们研究的重点。

2.2.2 区域职业教育改革发展研究现状

从理论研究的视角来看，庄西真（2013）分析了构建现代职业教育体系是一个国家层面的系统工程，但是中国各区域发展不平衡，有处于工业化后期的区域，也有处于前工业化时期的区域，不同经济发展阶段和水平要求有不同的职业教育体系与之匹配，并且职业教育的统筹层次在省、市的情况下，区域探索现代职业教育体系有其现实意义[20]。丁红玲（2005）的观点是“非均衡发展是区域职业教育结构优化的必然选择，

各地职业教育应因地制宜，遵循非均衡发展的原理，借助各自的区位、资源和比较优势，发展与区域经济环境相适应的职业教育，走因地制宜，非均衡发展的道路”[21]。王剑、吕一中（2013）探讨了导致我国职业教育区域差距的主要因素与其作用机制，结论是“人口和经济总量是影响区域职业教育发展水平的两大因素，它们共同影响甚至决定着区域职业教育的办学规模和发展水平，人口规模主要影响职业教育的办学规模，经济总量主要影响职业教育的办学质量”[22]。董仁忠（2013），郭扬（2011）、胡秀锦（2012）都从区域职业教育的政策层面、区域职业教育供需均衡的价值取向、区域职业教育合作的机制等角度探讨了区域职业教育发展的理论基础问题[23,24,25]。董刚（2020）认为协同理论与区域职业教育发展机制研究具有高度的契合性，针对跨职业教育区域协同乏力的问题，提出跨区域协同合作机制[26]。

从实践探讨的角度来看，学者们对区域职业教育非均衡发展的现状、历史进行了比较深入的研究。马树超、郭扬、张建华（2011）认为我国职业教育的发展对促进教育公平、实现入学机会均等、缩小区域间人力资源存量差距等方面做出了很大的贡献，但职业教育的发展也在办学条件、师资力量、投入水平和校企合作条件等方面存在着比较明显的区域不均衡现象，各个区域政府在发展职业教育上是努力的，而且努力程度无明显差异，但是职业教育经费投入有明显的差异，经费投入的程度会影响均衡的实现[27,28]。

朱德全、林克松（2012，2013）认为非均衡突破与协调性发展的耦合模式应当成为未来区域职业教育发展的最佳选择之道，因为非均衡突破符合区域职业教育发展的内在规律；其次认为我国长期积累着的诸多体制机制上的沉疴构成了阻碍职业教育均衡发展与区域经济协调发展互动的桎梏和顽疾，需要从办学体制、人才培养体制、管理体制及其机制入手构建职业教育均衡发展与区域经济协调发展互动体制与机制的框架[29,30]，利用层次分析法和数理统计法对2007—2011年京津沪渝四个直辖市的职业教育发展状况进行均衡测度，研究结论是京津沪渝职业教育总体呈现不断均衡的态势，但也存在局部失衡的问题[31]。胡斌武

（2017）通过对我国 31 个省份中等职业教育发展数据统计分析，发现近十年来中部地区财力、物力严重匮乏，西部地区专任教师队伍有待加强；中西部发展滞后，但增速较快；人均教育资源收敛性显著，地区差异缓慢缩小[32]。潘海生（2021）运用熵值法与耦合协调度模型对 2006—2018 年全国高等职业教育与经济社会发展的耦合关系进行实证研究，发现就区域而言，整体变化趋势与全国相似，耦合协调水平由东部优于中、西部向中部优于东、西部转变[33]。

以上的研究成果从理论层面阐述了不同经济发展阶段和水平要求有不同的职业教育体系与之匹配的基本观点，探讨了区域职业教育的发展具有重要的意义；从实践层面运用不同的方法，对我国区域在职业教育发展的均衡发展情况进行了分析判断，认为我国职业教育的发展对促进教育公平、实现入学机会均等、缩小区域间人力资源存量差距等方面做出了很大的贡献，但是不同区域职业教育经费投入的程度差异很大，也在影响均衡的实现。上述研究成果对区域职业教育结构研究不够。“区域职业教育结构”是区域职业教育改革与发展的重心和枢纽，区域职业教育结构优化对区域职业教育改革与发展更具有基础性、全局性、战略性意义。因此，本书选择区域职业教育结构研究作为区域职业教育改革与发展研究的切入点，以便能够从区域职业教育的不同层次和不同视角，研究整个区域职业教育系统，尽可能科学地描述和揭示区域职业教育系统的性质、特点及其组成要素和功能，从而科学合理地为区域职业教育改革与发展提供理论支撑。

2.2.3　职业教育结构研究现状

在对职业教育结构研究的成果进行综述之前，先对整个教育结构研究领域的成果有一个概貌的认识。有关教育结构研究的著作较多，其中大部分是有关高等教育的，比较有代表性的著作主要有《教育结构学》（李少元著）[34]、《高等教育结构学》（齐祖亮等著）[35]，以上著作对我国的教育结构从中华人民共和国成立到改革开放前的演变历程进行研究与总结。郝克明、汪永铨等在《中国高等教育结构研究》对我国高等教育的层次结构与科类结构的演变（1949—1986 年）进行了研究，并提出了

调整和改革中国高等教育结构的建议；郝克明等在《当代中国教育结构体系研究》中研究了整个教育结构体系及其与社会的相互关系，从技术结构与人力结构的角度研究了我国各个行业对教育结构的影响和要求，分析了我国高等教育与其他层次教育的关系[36]；此外，闫亚林（2005）、邓晓春（2000）、刘六生（2011）、郑利霞（2009）等学者也分别撰文，从不同视角对中国高等教育进行结构性分析。

谢维和教授对高等教育结构的相关问题进行了深入研究，主要有专著《中国高等教育大众化进程中的结构分析：1998—2004 年的实证研究》与《大学毕业生就业的需求约束：市场经济中大学毕业生就业问题的研究》，以及论文《中国高等教育大众化初期学科结构变化的主要特点与实证分析》《中国高等教育质量中的结构问题》等，以 1998—2004 年我国 31 个省（自治区、直辖市）的高等教育分学科门类的在校生和招生数量作为分析对象，采取多种数理分析统计方法，得出"各学科存量决定增量、文理科比例趋于均衡、应用学科比例增加、不同地区学科结构高等趋同"[37]等结论；研究了经济发展的程度与水平对大学生就业之间的相关关系，实质是研究经济发展与人才需求结构的问题，并建立了大学劳动力就业的弹性系数和预测模型[38,39]；这些成果都为本书提供了丰厚的理论资源。笔者正在主持广东省教育科学重大课题"现代职教体系下广东中等职业教育发展研究"的研究工作。该课题着眼于广东中等职业教育发展过程中存在的结构性矛盾，探讨广东省中等职业教育现有结构的合理性以及与未来经济社会发展的适应性，重点研究广东省中等职业教育与普通高中的合理分流和定位问题、高等职业教育普通本科的合理分流问题，职业教育的专业结构与省域经济产业布局、人才需求的适应性问题，以及配合未来区域经济发展规划实现区域职业教育的层次结构、专业结构、布局结构与地区产业结构的合理适应问题。

关于职业教育结构的研究。从整个教育体系的角度看，职业教育结构研究所涉及的问题可以划分为两类：第一是职业教育内部的问题，主要有层次结构与专业结构。其中层次结构主要研究的是各层次职业教育的比例问题，主要是中职、高职、本科（应用型）、专业硕士博士等；专业结构主要研究的是各层次职业教育中各专业的比例问题。第二是职业教育与基础教育、高等教育的关系问题，与职业教育结构研究密切相关的主要有普职比例问题与职业教育形态问题等，普职比例直接影响职业教育规模，进而影响职业教育结构中的布局结构。下面拟从职业教育结构的层次结构、专业结构、布局结构的内容进行综述。

1. 职业教育的层次结构研究

关于职业教育的层次结构，主要研究两类问题，一类是横向的同层次间的比例问题，第二类是纵向的同类型中的层次比例问题。

（1）职业教育的层次与类型研究。

职业教育层次结构的研究。考察高等职业教育层次结构，必须结合职业教育的定位的演变，因为定位直接关系到层次。因此，关于我国高等教育的结构演变就曾有职业教育是一种教育类型的观点，也有职业教育是一种教育层次的观点。

高等职业教育是一种教育类型的观点。国内有很多学者认为高等职业教育应该是一种类型，并从高职教育的内涵、国际上高等教育的分类标准、我国职业教育的发展历史和现状等角度论证，认为职业教育与普通高等教育一样，应该是具有从专科到本科、专业硕士、专业博士等层次，认为职业教育是不同于学科教育或科学教育的一种教育类型。这部分观点认为高职教育之所以称为职业教育，关键在于其职业性。姜大源在《职业教育：类型与层次辨》一文中，指出“高等职业教育的教育类型，突显的是教育的生存权”。另外的观点则认为职业教育只是一定层次上的教育，这个观点主要是以我国教育的结构现状作为出发点进行分析的，这类观点的基本要点是高等职业教育只是我国高等教育体系中的一个教育层次，也即专科层次教育。

通过对持有高等职业教育究竟是教育类型，还是一个教育层次的不同观点的学者主要研究领域的关注，可以发现一个值得思考的现象：长期从事职业教育领域研究的学者，和具有职业教育研究背景的学者，多持有高等职业教育是一种教育类型的观点；从事普通高等教育领域研究的学者，多持有高等职业教育只是一个教育层次的观点。

（2）中等职业教育与普通高中的比例问题。

在是否应该大力发展中等职业教育的问题上，历来有“积极发展论”与“消极发展论”之争。消极发展论认为随着社会生产力的提高，随着工农业生产领域科技含量的增加，中等职业教育不利于学生的全面发展，因此，这种层次的人才已经没有培养的必要；积极发展论认为需要对我国国情有准确的认识，现阶段我国对中等职业教育有强烈的需求。尽管在学界有积极与消极两种争论，但是我国实行的是积极发展中等职业教育的政策，从 2010 年开始，我国高中阶段中等职业教育的比重已经占了一半。马延伟（2018）、曹晔（2019）、李小娃（2021）等提出“职普比例大体相当”政策的推行，使得改革开放 40 年来中等职业教育取得了长足的发展，不仅成为中国现代职业教育体系建设的重要基础性力量，更是在不同时期为推动高中阶段教育普及化进程起到了重要的作用[40,41,42]。

（3）高等职业教育与普通本科的比例问题。

国内学者关于这个问题的研究的主要观点是要大力发展专科层次的职业教育。其中董泽芳、李晓波提出我国现阶段要大力发展专科教育，稳定发展本科教育，积极扩大研究生教育[43]。笔者的论文《我国高等职业教育规模与经济增长关系的实证研究：基于 1992—2010 年的数据分析》研究表明我国高等教育各层次规模逐年增长，层次结构重心逐渐下移[44]。迟景明的研究结论也表明我国高等教育层次结构的重心下移[45]；何晓芳发现“我国不同学科门类的层次结构表现出理论性较强的基础性学科人才培养的重心出现上移，而实践性较强的应用性学科的人才培养重心出现下移的总体趋势”[46]。刘志林（2019）、陈春平（2021）的研究表明近年来我国高等教育层次结构已明显滞后于经济发展水平，主要表现为层次结构重心偏低、高层次人才不足、中层次人才饱和、高层次人才培养不适应创新型经济的发展要求等现象[47,48]。谭诤（2021）认为从普通高等教育各层次规模发展来看，2006 年是分界点，之前普通高等教育规模增长的重心是专科层次，之后本科和研究生层次逐渐成为规模增长的重心[49]。

（4）中等职业教育与高等职业教育的比例问题。

关于职业教育各个层次的比例问题的研究，国内学者的主要观点是随着经济社会的发展，职业教育的层次结构会呈现出逐渐上移的趋势。刘新华（2013）发现“2004—2010 年随着生产力水平的发展，我国职业教育的层次结构出现了上移”[50]；张宁东（2012）提出“尽管面临客观的阻力，高等职业教育层次上移仍是完善现代职业教育体系的必经过程，必须对其可能的路径予以理性审视”[51]；杨海燕等（2014）提出“未来 10～20 年，随着北京市经济社会的持续发展，第三产业比重的持续提高，第二、三产业对高学历、高技能人才的更高需求，职业教育的层次结构重心必将继续上移，以高等职业教育为主将成为以北京市为代表的发达地区职业教育发展的方向”[52]。胡茂波（2018）研究表明高职技能型人力资本对经济增长的贡献率为 8%，中职技能型人力资本对经济增长的贡献率为 3%，要加强高级技能型人力资本积累，优化技能型人力资本的层次结构[53]。

2. 职业教育的专业结构研究

高等职业教育虽然具有高等教育的属性，但在专业设置上与普通本科教育是有区别的，如何合理地设置专业，是高等职业教育的基础性工作。关于目前我国高等职业教育专业设置中存在的问题，主要有以下的观点：一是专业的名称不规范。有一些专业虽然专业名称不同，但是专业内涵是相同的；还有一些专业的名称相同，但是专业内涵却不同。二是专业设置与地方经济社会发展脱节，导致学生就业困难。三是存在职业教育与普通教育沟通性差、互认及互补性欠缺、专业趋同、职业教育专业特色不明显、效仿照搬普通教育等问题。四是专业设置的盲目性，盲目举办所谓的热门专业，导致招生数量不足，没有规模效益，也难以形成自己的特色。五是职业教育的各层次的专业衔接性差，专业设置尚未形成科学系统的专业结构体系。

关于对我国高等职业教育专业设置原则的研究。主要有以下的观点，一是以市场需求为导向，按照经济社会发展的实际需求科学地设置专业；二是专业口径宽窄并存，以宽为主，既要有适应性较强的宽口径专业，

同时也需要岗位针对性较强的窄口径专业；三是灵活性与稳定性结合。郭扬（2001）提出要建立“大专业工种”，实行专业设置综合化[54]；高松（2012）认为我国职业教育的专业设置职业教育特性不明确，直接导致了我国职业教育专业设置的混乱，具体表现在专业设置上职业教育与普通教育及技术教育存在着较大的趋同性，职业教育院校专业设置则应带有明确的职业导向性[55]。王志伟（2020）提出目前高职院校存在专业设置过多、过细、过杂，重点专业特色不鲜明，专业调整调研不充分，专业建设过程中校企合作不深入等问题[56]。刘晓（2020）、杨璐（2021）基于“发展型式”理论，提出职业教育专业建设与产业发展匹配应以产业结构、市场需求、产业技术作为逻辑出发点，从产业目录、产业空间布局、劳动力类别需求、劳动力层次需求、劳动力技能需求五个方面形成对接[57]；高职院校应从增量优化、存量调整、构建数据“探测—分析—共享”平台、打好扩招工作“组合拳”等方面着手进行专业设置[58]。李文（2021）提出在“人工智能”时代，专业动态调整可以利用大数据赋能职业教育实现时效、超前与精准的专业设置[59]。

对于中等职业教育专业结构的研究主要集中在专业设置是否适应社会经济发展需要、专业设置等问题。张海水等（2014）在论文《我国中等职业教育发展状况与转型研究》的研究表明，我国中等职业教育中专业设置有很多不合理的地方，例如部分本专科招生已出现供过于求的专业，中等职业教育还有大量的招生；部分人才市场准入门槛提升至本科及以上文化层次的岗位，中等职业教育相关专业还有招生等，中等职业教育出现了与本、专科抢“饭碗”的局面[60]。韩永强（2013）在论文《我国中等职业教育发展及其影响因素研究：基于2001—2012年的数据》的研究显示，我国中职专业发展不平衡现象比较突出，对与新兴技术新产业领域和国计民生密切相关专业的引导和扶持是今后中职专业结构调整的重点；对于今后中等职业教育专业设置的建议主要有准确定位中等职业教育，就业岗位的重心应是培养初、中级技术工人和第一线服务人员等蓝领岗位，删除本科教育已基本能满足人才市场需求的岗位，增加本专科教育无法满足人才市场需求的专业[61]。武博（2018）、黄正轴

(2018)、暴康敏（2018）、薄国华（2020）等分别针对广西、武汉、滇西、山西等不同区域探讨中职教育专业设置中出现的问题，主要体现在专业类别设置集中、热门专业布点多，同质化现象突出、专业化规模小，办学效益低、专业布局城市偏好显著，资源配置欠缺整体统筹、专业供给与产业需求还未完全匹配，专业结构服务经济转型发展仍显滞后，涉农专业发展能力弱，新兴专业开发培育力度不足等问题[62,63,64,65]。

2.2.4 职业教育结构合理性评价研究现状

研究职业教育结构的目的是进一步优化结构，一个不能回避的问题是对职业教育结构合理性的判别，换言之，判别职业教育结构是否合理的标准是什么，这是研究职业教育结构的逻辑起点。梳理现有的文献，系统研究职业教育结构的文献比较少，大部分的研究是以教育发展的两条基本规律作为理论框架探讨教育结构合理性的问题。刘六生（2011）在博士论文《省域高等教育结构调整研究：以云南省为例》一文中提出对高等教育结构合理性的判断标准应该是两条，一是人的发展规律、二是教育要适应并适度超前于经济社会发展的规律[66]，但是理论的准绳如何具体化为可操作的指标进而度量现实的教育结构的合理性是一个难题。总体而言，目前对高等教育结构合理性判别的科学标准研究是不足的，谢维和教授认为“对高等教育结构以及规模和结构的关系考察还非常不足，大多属于思辨性的对比分析”[38]。应当承认，高等教育结构的合理性评价是一个极其复杂的问题，潘懋元教授认为“探索高等教育的合理结构时，只能有相对满意的标准而不可能有最佳的尺度”[67]。

郝克明（1987）在《中国高等教育结构研究》中认为：“中国高等教育结构合理化的重要目标，就是要从本国具体国情出发，使高等教育结构与中国的经济和社会发展，与教育系统内部基础教育、职业技术教育的发展相适应，并且有利于调动社会各方面力量发展和支持高等教育的积极性；有利于充分开发和利用高等教育系统各种内部和外部资源，发挥高等教育投资的最佳效益”[68]。刘六生在博士论文《省域高等教育结构调整研究：以云南省为例》中对高等教育结构合理的表述是：合理的高等教育结构应该是“高等教育各子结构要适应并适度超前于经济社

会发展”：（1）省域高等教育内部结构间、结构各要素间彼此协调，并行不悖，相互适应，能更好地作用于省域高等教育自身的发展；（2）省域高等教育外部系统间、系统要素间高度协同、融汇互通，适应并适度超前于省域经济社会发展需求[39]。概括来说，与高等教育应然功能发挥相对应的高等教育结构应该是“内部合理协调发展，外部适应超前发展”。

高书国（2019）指出新时代经济高质量发展、高等教育普及化推进、新兴城市快速发展等成为中国高等教育结构调整的重要动力[69]。刘辉（2020）认为优化高等教育结构是我国教育治理体系和治理能力现代化的基本问题[70]。祁占勇（2020）指出科学合理的结构是高等教育系统有序运作的前提。区域结构调整主要是振兴弱势地区高等教育事业，层次结构调整坚持存量优化于增量升级并重，学科结构调整以质量内涵为主导，专业结构回归育人初心，形式结构调整立足社会多元需求[71]。总体而言，经济转型和产业升级驱动我国高等教育深化结构改革，不断进行结构调整，以推动我国由世界高等教育大国迈向世界高等教育强国的步伐。

2.2.5　对广东职业教育结构的研究现状

虽然从经济发展的角度来看，广东是我国的经济总量大省，也是我国改革开放先行先试的省份，但是从职业教育结构研究的角度来看，对广东的研究还不够，成果比较少。现有的成果中对于广东职业教育结构现状的判断主要集中在专业结构与产业结构的匹配度不高、专业设置不合理、院校发展不均衡等问题上。李海东等（2013）认为广东高职教育为经济发展起到了重要的推动作用，其专业结构与产业结构、产业需求存在一定的偏差，提出优化专业设置的对策是建立专业预警机制[72]。杜怡萍（2013）的研究表明广东职业教育结构存在着专业结构与产业结构匹配度不高、专业设置趋同性大和重复设置多、战略性新兴产业专业明显滞后等问题，须建立专业布局结构调控预警机制，打造学校的专业集群特色，加强行政调控等措施[73]。王毓、严振（2008）比较了广东、江苏、浙江、山东等经济发达省份近十年的高等职业教育主要发展指标，发现广东省高等职业教育呈现出院校和在校生总数较高、全省人均占有率较低、珠三角地区院校集中度高、区域发展不平衡、办学主体以政府为主、民办院校少、院校办学水平悬殊等问题[74]。屈孝初（2014）的研究表明“在1990—2009年的20年间，湖南省的教育发展速度高于广东省”[75]。林海龙（2020）指出广东高职教育依然存在其不能满足区域经济发展和产业转型升级对技术技能人才的需求，区域一体化发展亟须优化高职教育资源配置，专业结构与转型升级中的产业结构互动互链仍不够紧密，内涵建设与专业水平有待进一步提升等问题和挑战[76]。

以上的研究主要集中在对广东职业教育中存在的问题的分析上，对于如何使广东的职业教育结构与产业结构更加有机地互动，如何准确定位广东的职业教育在全国的定位，如何进行职业教育统筹与合作，广东职业教育结构调整的方向等问题，都有待于进一步的研究。

2.2.6 国外教育结构的研究

国外对教育结构的研究起点较早，其中高等教育结构研究领域中，马丁·特罗（Martin Trow）提出的“精英、大众、普及”这一高等教育发展阶段学说具有代表性。马丁的研究表明在社会的不同发展阶段，高等教育的结构应该随之调整改变，以适应不同阶段的发展，他指出这种现象“是现代工业化社会所共有的现象”[77]，从这个角度出发，他对高等教育从精英阶段、大众阶段到普及阶段的特征进行全面的分析[77,78]。

马丁·特罗的理论是否具有“普适性”是值得探讨的。日本学者天野郁夫认为美国的高等教育的结构与其他国家是不同的，美国高等教育的结构在大众化到来之前已经做好了多样化的准备，其他国家不能全盘移植[78,79]。日本学者天野郁夫（2003，2007）[78,79]以及我国学者胡建华[80]（2002）、李从浩[81]（2006）分别依据马丁·特罗的理论从不同角度对我国高等教育大众化进程进行描述与解读。潘懋元（2007）认为大众化的前提必然是多样化，我国的高等职业教育是高等教育大众化的基本前提。这些研究为高等职业教育在我国高等教育体系中的定位提供了理论依据。

虽然各个国家的教育体系不同，但是在工业化的过程中，职业教育所起的作用无可置疑。德国的职业教育体系中有学校形态的职业教育与非学校形态的职业教育，其中学校形态的职业教育结构主要有各类职业

学校，有职业高中、高等级专科学校等，非学校形态的职业教育机构有企业等，这两种形态的职业教育机构共同构成了德国的职业教育体系，它们是相互兼容的。学生在初中之后，可以选择继续入读普通高中，为升入大学做准备，也可以入读职业学校。在德国，高等职业教育阶段有专科层次的职业学院和本科层次的应用科技大学[82]。

澳大利亚的职业教育非常有特色，技术与继续教育（TAFE）学院融合了继续教育与技术教育，同时将职业培训与学历教育也结合在一起。澳大利亚的职业教育体系中建立了全国统一的学历资格框架（AQF）[83]，通过这个框架将整个澳大利亚教育体系连通，可以实现学分转换，课程衔接等。

现在美国的职业教育体系是比较完善的。仔细分析，在美国高等教育发展的过程中，依据《莫雷尔法案》建立的“赠地学院”功不可没。赠地学院开展职业教育，培养专门人才，并演变为后来的社区学院，形成了目前的高等教育多样化的格局[84]。

在有关职业教育与普通教育对于经济发展的关系方面，西方的学者进行着持续的研究，目前的一种观点认为职业教育对于经济发展状况的反应程度比普通教育敏感[85]；国外多位学者也对职业教育与就业、职业教育课程改革、技能训练的评价等方面展开了深入的研究。

2.2.7 对现有研究的理解及评述

以上的研究对于区域职业教育结构的研究具有重要意义，构成了本研究工作的基础，但也存在一些不足：

第一，从区域视角对职业教育结构的实证研究不足。因为我国幅员辽阔，经济发展与产业结构的差异非常大。职业教育结构不论是层次结构还是专业结构，不同的区域差异非常大，可以说不同区域职业教育发展处于不同的发展阶段，所面临的问题也不同，因此评价与优化的路径也不同。虽然现在大力提高市场对资源的配置程度，但是由于区域经济发展程度所限，区域内的发展都极不平衡。目前职业教育结构形成、迁变的核心力量仍然是以政府为主、市场为辅，由于主导力量的不同，必然决定了职业教育结构调整方法上、思路上的不同。

第二，对目前职业教育结构在学理层面的研究不足。已有的职业教育结构研究大多停留于对职业教育结构本身属性和特征的描述，或从职业教育理应发挥的功能的角度出发，分析我国职业教育结构中存在的问题，提出职业教育结构要与产业结构相适应，要按照产业需求制定职业教育的发展规划等。作为各级政府要充分发挥对职业教育宏观调控的职能，这类研究的阐述方式是属于“应然”式的表达，从理想的职业教育结构所应该发挥的功能出发，直接得出理想的职业教育结构“应该是”的状况。但是，这类研究对于现实的职业教育结构“为什么”呈现当下的结构状态，为什么不是它“应该是”的结构等问题回答不足，尤其是缺少对我国的职业教育结构的共同作用因素研究，对这些问题缺乏在学理层面的分析。

第三，对职业教育结构变迁的理论基础研究不足。主要体现在两方面，一是对职业教育与产业结构的互动机制研究不足。职业教育结构对于产业结构而言如何把握“适应”与“引领”的关系，是主动适应产业结构还是被动适应产业结构，如此等等问题没有深入的研究。二是对职业教育结构合理性的标准研究不足，至今没有人提出判断职业教育结构合理性的科学标准，更没有相应的理论体系，目前关于职业教育结构变迁或者调整的大部分的研究，是在目前的职业教育结构不合理的预设前提下进行的，依据价值预设进行主观判断，得出是否合理的结论，这样的研究是不够科学的。

第四，研究方法与分析工具的针对性不足。具体表现为理论工具不能有效地解释现有职业教育结构变迁与调整中的机理，也不能有效解决现有职业教育结构中存在的问题，存在理论与实践不能有机融合的问题。

第3章　数据与方法

3.1　数据来源

数据选取的原则。由于本研究是建立在数据分析基础上的定量研究，涉及我国31个省（自治区、直辖市）在1999—2019年职业教育的相关数据，主要包括高等职业教育与中等职业教育的在校生数、招生数，中等职业教育与高等职业教育按照专业大类区分的各省（自治区、直辖市）的在校生数与招生数，同时还有各省（自治区、直辖市）产业结构与经济结构的数据，本研究的数据尽量采用国家统计局与各省份教育年鉴的数据。

数据的来源。本书的数据主要来自四个渠道：①国家统计局的统计数据库；②中国经济与社会发展统计数据库；③国务院发展研究中心信息网统计数据库；④教育部教育管理信息中心提供的1998—2019年广东以及其他省（自治区、直辖市）中等职业教育、高等职业教育分科类、分层次的在校生数与招生数。以上数据有直接引用的，也有通过间接计算而得的（文中都做了说明或标注）。

数据不一致时的处理方式。数据不连续、不一致是本研究过程中最令笔者感到棘手的地方，也是最耗费时间精力的地方，由于我国教育统计数据平台也处在一个不断完善的过程中，职业教育的相关数据的完整性与连续性都有欠缺，分别存在以下的三个问题：首先是数据口径不一致的问题。例如对于指标“高等职业教育在校生人数”，原指标名“普通专科在校学生数”，在我国的统计指标体系中，没有“高等职业教育”这个指标，因此采用“普通专科在校学生数”替代“高等职业教育在校生数”有合理性，主要原因是2018年的“职业本科”出现之前，我国高等职业教育基本都处于专科层次，极个别高职院校通过联合办学等方式招收个别本科专业不足以影响统计指标。又例如指标“中等职业教育在校生人数”在有的统计平台中包含了技工教育的人数，在另外的平台中该指标没有包含技工教育的人数，因此在研究过程中需要反复比对与核实。其次是数据的连续性的问题。我国中等职业教育与高等职业教育在2003年、2015年分别调整了专业大类。调整后的专业大类与原来的专业大类有差别，因此，很多平台的数据没有进行相应的专业大类的调整，使得数据不连续。例如，国家统计局的数据平台就不提供2015年高等职业教育大类调整之后的分专业在校生人数，因此，2015年之后的相关数据需要从其他渠道获取，并比对采用，例如中国社会统计年鉴、中国教育统计年鉴等。

3.2　指标设计

本研究的核心要点在于构建区域职业教育结构合理性判断的理论基础与实践标准，并以此为判据诊断分析区域职业教育结构中存在的问题，进而找到区域职业教育结构优化途径。以下分为三个层面来探讨区域职业教育的结构合理性判据。

本书设计了以下三类指标对职业教育的布局结构、层次结构、专业结构的发展状态进行描述与分析。

3.2.1　区域职业教育结构的协调性指标

区域职业教育相对偏差率是衡量全国各区域职业教育相对发展水平的指标，属于区域职业教育结构的协调性指标，可以定义为：

$$L=\frac{A-B}{B}\times 100\%$$

其中的 L 是区域职业教育相对偏差率；A 与 B 分别是与区域职业教育发展相关的某项指标在全国的占比。例如，如果用 A 表示某区域常住人口在全国的占比，B 表示某区域 GDP 总量在全国的占比，则 L 的含义是相对于区域 GDP 总量而言，该区域的常住人口的相对偏差率。

可以定义一个偏差率的合理区间。例如可以将合理区间定义在±10%之内，那么如果相对偏差率 L 在±10%之间，可以认为该区域职业教育指标 A 相对于指标 B 而言发展程度相宜；当相对偏差率 L 大于10%，可以认为该区域职业教育指标 A 相对于指标 B 而言比较发达；而相对偏差小于－10%，则认为该区域职业教育指标 A 相对于指标 B 而言发展不足。

基于常住人口的区域职业教育规模相对偏差率是衡量区域职业教育规模相对区域常住人口规模的一项指标，具体而言就是衡量某区域职业教育在校生人数占全国职业教育在校生人数的比例与该区域常住人口占全国总人口的比例之间的差异程度。

基于GDP总量的区域职业教育规模相对偏差率是衡量区域职业教育规模相对区域GDP总量的一项指标，具体而言就是衡量某区域职业教育在校生人数占全国职业教育在校生人数的比例与该区域GDP占全国GDP总量的比例之间的差异程度。

基于常住人口的区域职业教育规模相对偏差率可定义为：

$$M = \frac{C - D}{D} \times 100\%$$

式中的 M 代表区域职业教育规模相对于常住人口的相对偏差率；C 代表区域职业教育在校生人数占全国职业教育在校生人数的比例；D 代表区域常住人口占全国总人口的比例。相对偏差在±10%之间可以认为该区域职业教育规模与常住人口基本持平；相对偏差大于10%可以认为该区域职业教育规模比较大；相对偏差小于－10%认为该区域职业规模发展不足。基于GDP总量的区域职业教育规模相对偏差率与此类似。

3.2.2 区域职业教育结构的适应性指标

分析各个区域职业教育结构与经济发展的适应程度的前提是判断"适应度"的标准是什么，以什么样的标准来衡量这个适应程度，在分析各个区域职业教育与经济发展之间的适应程度之前，对于组成全部区域的整体，也即全国整体水平的职业教育与经济发展的适应程度需要有一个基本的判断。笔者在《区域高等教育与经济发展水平协调性研究：基于2004年和2011年横截面数据的分析》一文中，做了如下的判断："我国从1978年改革开放至今的30多年里，国民经济得到了快速的发展，同期我国的职业教育也经历了一个快速发展的过程，在这个过程中，我国的职业教育为经济社会的发展提供了基本满足要求的人力资源，因此，可以认为就整体而言我国职业教育与经济产业之间是基本协调的，以此为基准分析各区域的相对适应程度，例如某区域的职业教育与经济产业结构水平如果在全国各区域中处于大致相似的排序，则认为是协调的，反之亦然"[99]。

区域职业教育与经济发展相对适应度＝经济发展指标综合排名－职业教育发展指标综合排名

各区域同年度的职业教育发展指标综合评价排序与经济发展指标综合排序之差定义为相对适应度，相对适应度为0表示非常适应，相对适应度在某一区间内表示适应，在某一区间内可以认为比较适应，大于某一区间就表示不适应或者是极不适应。

对于指标"区域职业教育与经济发展相对适应度"的使用有以下三点说明：

第一，指标"区域职业教育与经济发展相对适应度"指的是区域职业教育结构外部适应并适度超前于经济社会发展的需求的程度。区域职业教育结构要跳出职业教育的自身系统，与社会其他系统相适应，这是职业教育外部适应适度超前发展的核心含义。这里有两个层次的含义，一是适应，二是适度超前。关于适应是容易理解的，区域职业教育的结构要与区域内的产业结构相适应，以职业教育的专业结构为例，不论是中等职业教育的18个专业大类的，还是高等职业教育的专业大类的设置比例，都要与区域内产业结构对技能型人才的需求相匹配。对于适度超前的问题，因为修学年限的原因，职业教育的人才培养有一定的滞后期，所以要有适度超前的设计。另外，职业教育人才培养中还要考虑社会发展的趋势问题。例如，我国目前整体而言正在工业化中期阶段，部分地

区已经处于工业化阶段的中后期的过渡阶段，因此职业教育的人才培养要充分考虑我国经济社会发展趋势的需求，同时在对该指标的使用过程中要综合考虑适度超前性的问题。

第二，这个相对适应度是否能恰当地反映职业教育结构与经济发展的适应程度，在很大程度上取决于参与经济发展综合排名与职业教育综合排名的指标选取是否合理。表征一个地区职业教育发展状况与经济发展程度的指标比较多，如何选择指标将直接影响评价结果。笔者认为选用人均指标又优于总量指标，依据是职业教育的边际约束很强，“一个地区的经济总量与职业教育水平之间没有必然的线性联系，应该是与该地区的人均指标之间有更强的联系”[99]。具体的指标表述在本书第 5 章中阐述。

第三，指标“区域职业教育与经济发展相对适应度”并不能表征该区域的职业教育或者是经济发展的绝对程度，它只是代表该区域职业教育与经济发展的协调程度，可以是高水平的协调，也可以是低水平上的协调，也即某区域的职业教育与经济发展都在全国各区域中排名靠后，但是排名之差在 ±4 的区间内，只能说明该区域的职业教育与经济发展在低水平上相互适应。

3.2.3 职业教育层次结构的形态指标

区域职业教育层次结构决定着不同层级职业教育学生的构成，通俗说就是中等职业教育与高等职业教育、应用型本科、专业硕士所构成的职业教育层级的“形状”，各级职业教育学生规模的大小决定着这个形状是“金字塔形”或者“纺锤形”。影响这个形状的主要有三个因素：一是中等职业教育与普通高中的分流问题，二是高等职业教育与普通高等教育的分流问题，三是中等职业教育与高等职业教育的衔接问题。

本研究定义了三个职业教育层次结构的形态指标，分别是“中高职比值”“高中阶段教育普职比”“高等教育普职比”。由于本书所研究的职业教育只包含了学校形态职业教育中的中等职业教育与高等职业教育，因此对于应用型本科与专业硕士没有涉及。

1. **中高职比值**

$$中高职比值=\frac{区域某年度高等职业教育在校生总数}{区域某年度中等职业教育在校生总数}$$

指标“中高职比值”的作用主要是用于判断职业教育层次结构中不同层次之间学生规模的情况。由于本研究界定的职业教育只包含学校形态的中等职业教育与高等职业教育，因此该比值的含义是中高等职业教育在校生规模的比例。该比值等于1，说明中等职业教育与高等职业教育在校生相等；该比值大于1，说明高等职业教育在校生总数大于中等职业教育在校生总数，数值越大，说明高等职业教育在校生相比中等职业教育在校生越多；该比值小于1，说明高等职业教育在校生总数小于中等职业教育在校生总数，数值越小，说明高等职业教育在校生总数相比中等职业教育在校生总数越少。如果该比值以1为界，小于1，说明该区域的职业教育结构是金字塔形状区间（本研究中虽然没有考虑应用型本科与专业硕士，对应用型本科也没有确切的定义，但是可以肯定的是这两部分的学生数量都远远小于高等职业教育在校生，因此在这种情况下金字塔之说是基本成立的；如果大于1，说明该区域职业教育结构已经演变为纺锤形状区间了。

2. **普职比**

指标“普职比”的作用主要是用于判断我国教育体系中两次主要的普职教育分流的情况，分别是“高中阶段教育普职比”与“高等教育普职比”。

$$高中阶段教育普职比=\frac{某年度普通高中在校生数}{某年度中等职业教育在校生数}$$

$$高等教育普职比=\frac{某年度普通本科教育在校生数}{某年度高等职业教育在校生数}$$

高中阶段教育的“普职比”呈现了我国第一次教育分流的结果，高等教育的“普职比”显示的是我国第二次教育分流的结果。例如，某区域某年度普通本科在校生数为100万人，高等职业教育在校生数为80万人，则“普职比”为1.25。

3.3 研究方法

本书的基本思路是以职业教育结构供需均衡为主线，深入研究我国区域职业教育结构的现状，探究区域职业教育结构合理性判别的理论与方法，并在实证分析的基础上提出对区域职业职业教育结构优化的思考。

具体研究方法如下：

第一，本书设计了以下指标用于描述与分析职业教育的布局结构、层次结构与专业结构的发展状态，分别是：①描述区域职业教育结构的协调性的指标“区域职业教育相对偏差率”，例如基于常住人口的区域职业教育规模相对偏差率是衡量区域职业教育规模相对区域常住人口规模的指标，基于 GDP 总量的区域职业教育规模相对偏差率是衡量区域职业教育规模相对区域 GDP 总量的指标；②描述区域职业教育层次结构的形态指标分别是“中高职比值”“高中阶段教育普职比”“高等教育普职比”，这几个指标的作用主要是用于判断职业教育层次结构中不同层次之间学生规模的情况。

第二，实证研究与理论研究相结合。运用时间序列分析方法，对1999—2019 年间全国 31 个省（自治区、直辖市）的职业教育各层次在校生专业分布、地域分布、数量分布等进行布局结构、层次结构、专业结构的实证分析，并以中高职比值、职业教育规模相对偏差率、普职比、人均 GDP 等为可比指标，以探讨职业教育与经济增长、产业结构之间的数量关系；利用因子分析法等模型，对不同经济发展区域中等职业教育结构对经济增长贡献的差异性进行比较分析。

第三，案例研究与系统研究相结合。本研究不仅应用建立在大量统计数据之上的数理研究方法，也通过对典型行业进行案例式的微观研究，对职业教育专业结构与经济结构的相关性、职业教育规模、结构与经济发展的水平差异、结构差异相关性的研究结果进行研究。

第四，横向比较与纵向梳理相结合。探讨工业化程度先进的区域在职业教育发展问题上的理论与实践，提炼分析不同区域处于职业教育培育期、上升期、成熟期、缩减期的基本特征，为职业教育发展处于中下游阶段的区域提供可资借鉴的参照系。横向比较主要用于研究职业教育发达国家对构建现代职业教育体系的争论与认识、法律法规制定和政策措施的完善。

第 4 章　区域职业教育结构研究的理论框架

随着社会经济的发展，工业化阶段的变化，教育形态、教育结构都在发生深刻的变化，尤其是职业教育的结构，与产业结构、经济发展的变化联系更加紧密。考察职业教育结构的变迁机制，如果不考察产业结构、经济发展与社会组织和人们的价值体系的变化，是无法领悟职业教育结构变化的轨迹的。因此，探究职业教育结构变量（诸如层次、科类、规模等）的变化是如何与产业结构、经济增长、社会组织的变化等因素相互作用的过程与机制，并进一步探究职业教育结构合理化的路径，应该是职业教育结构研究的最终目标。作为达到该目标的第一步，本章提出了一种分析职业教育结构合理性的理论框架。

4.1　供给与需求

供给与需求理论是微观经济学的基本理论，将有限的经济资源如何有效率地分配是微观经济学研究的核心问题。在市场经济条件下，市场价格是资源配置的调节杠杆，在市场价格的调节下，使得资源得到最优的配置，因此，对供给和需求的分析是现代西方经济学分析的逻辑原点。

4.1.1　供给与需求理论

供给与需求理论的主要含义有以下三点：

1. 供给

供给的定义是："供给指的是生产者在一定时期内在各种可能的价格下愿意而且能够提供出售的该商品的数量"[87]。其中商品价格、生产成本等都是供给数量的影响因素。商品供给的数量随着商品的价格上升而

上升，随着商品的价格下降而下降[87]。

2. **需求**

需求的定义是："消费者在一定时期内的各种可能的价格下愿意而且能够购买的该商品的数量"[87]。其中商品价格、消费者收入等都是商品需求的影响因素，商品需求量随着商品的价格下降而上升、价格上升而下降[87]。

3. **市场均衡**

在供给和需求的互相平衡下，市场最终达到均衡状态。当市场价格高于均衡价格时，商品供给量大于需求量，出现商品过剩，这时候需求者压低价格；相反，当市场价格低于均衡价格时，需求量大于供给量，出现商品短缺，需求者提高价格，同时供给者增加商品的供给量，这样该商品的价格上升到均衡价格的水平[87]。

图4－1是一个标准的供给和需求模型，供给曲线代表生产者愿意在某一价格水平下出售的物品数量，它是向右上倾斜的；需求曲线代表消费者愿意在某一价格水平下购买的数量，它是向右下倾斜的；两条曲线交接之处（均衡点）就是均衡价格和均衡产量。

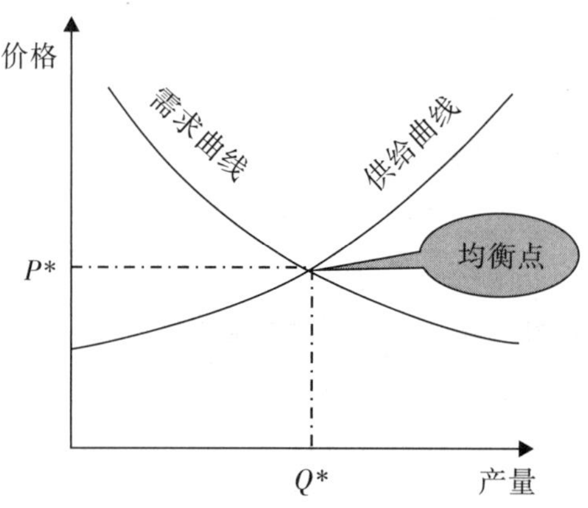

图4－1 需求与供给曲线及均衡价格示意图

总之，"需求的增加会引起价格上涨，需求的减少会引起价格下降；供给的增加会引起价格下降，供给的减少会引起价格上涨"[87]，这就是微观经济学所说的需求和供给规律。

4.1.2 职业教育结构供需模型

从经济学的供给与需求的分析视角对职业教育结构进行研究，进而构建一个基于供给和需求视角的职业教育结构分析框架，进而解释职业教育产出和各种影响职业教育产出的调节因素（市场调节与政府调节）之间的关系，并厘清职业教育结构调整中政府调节与市场调节的作用。这是对职业教育结构研究的一种探索。

构成职业教育供需模型结构的四个要素分别是职业教育产品的供给、对职业教育产品的需求、职业教育产品价格、职业教育产品供给与需求的均衡。

1. **职业教育产品供给**

职业教育产品是指职业教育院校培养的毕业生（各级各类学校形态的职业教育毕业生），职业教育产品的供给曲线（aggregate supply curve）定义为“职业教育产品数量”和“职业教育供需变量 P”之间的关系，它表示在某个“职业教育供需变量 P”水平，共产生多少职业教育的产品。图 4－2 是职业教育供需模型示意图，描述了与每一“职业教育供需变量 P”相适应的职业教育产品数量关系。

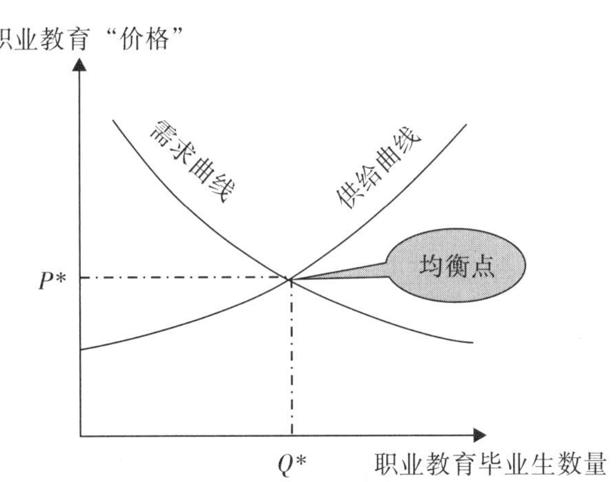

图 4－2 职业教育供需模型示意图

从图 4－2 职业教育供需模型示意图中的供给曲线中看到，职业教育产品供给数量和“职业教育供需变量 P”呈同方向变动的关系，即供给

曲线是向右上方倾斜的。向右上方倾斜的总供给曲线表示，“职业教育供需变量 P” 越高，供给量越大；“职业教育供需变量 P” 越低，供给量越小。总供给曲线向上倾斜的经济学的解释是随着“职业教育供需变量 P”的上升（表示薪酬水平上升），个体报读职业院校的积极性越高，于是在职业教育入口的表现就是生源充足，学校扩大招生，总供给量增加。相反，较低的“职业教育供需变量 P”（表示薪酬水平也较低），个体报读意愿低，职业学校招生困难，于是供给量减少。

影响区域职业教育总供给的主要因素主要有以下几个方面：

第一，经济社会的需求是影响职业教育总供给的主要因素。在现代社会中，人们接受职业教育的主要目的是为了将来可以有一个好的职业，因此是一种人力投资，职业教育需求是与工作机会紧密相关的。在市场经济条件下，职业教育的供求是由市场上劳动力的供求决定的，教育供求只是劳动力供求的派生物，当某种层次和专业的人才供过于求时，毕业生就业困难，与之相应的教育需求就会减少，反之，教育需求就会增加。由于工作岗位的需要，劳动力市场上的人才需求结构就自然转化为职业教育需求结构。从以上的分析可知，市场机制通过调节劳动力市场上的人才供求从而间接地作用于职业教育供求。因此，经济社会的需求是影响职业教育总供给的一个主要因素。

第二，办学要素供给是影响职业教育总供给的重要因素。职业教育供给主要由政府、市场提供，目前我国学校形态的职业教育主要提供者是政府，绝大部分的职业院校是公办的。因此，决定职业教育产品供给量就取决于以下的几个因素：学校供给、经费供给、师资供给、专业供给、政策供给。

第三，人口因素也是影响职业教育总供给的重要因素。区域内适龄人口是职业教育学生潜在生源的基础，因此，在影响职业教育总供给的诸多因素中，人口因素属于刚性的影响因素。

2. 职业教育产品需求

职业教育产品的需求指的是经济社会对职业教育产品（各级各类学校形态的职业教育毕业生）的需求数量。这个需求是指社会的有效需求，

它不仅指社会对职业教育产品的需求愿望，而且指该社会对这些教育产品的支付能力。需求曲线（aggregate demand curve）定义为“职业教育产品数量”和“职业教育供需变量 P”之间的关系，它表示在某个“职业教育供需变量 P”水平，经济社会共需要多少职业教育的产品（毕业生）。

从图4－2职业教育供需模型示意图中的需求曲线看到，需求数量和“职业教育供需变量 P”呈现出反方向变动的关系，即需求曲线是向右下方倾斜的。向右下方倾斜的总需求曲线的含义是“职业教育供需变量 P”水平越高，需求数量越小；“职业教育供需变量 P”水平越低，需求总量越大。需求曲线向下倾斜的经济学解释是随着“职业教育供需变量 P”上升（表示薪酬水平上升），企业或者用人单位的人力成本加大，于是企业更倾向于更新技术，节省人力，同时使用资本对人力需求的替代，或者是其他类型的教育产品对职业教育产品的替代，于是对职业教育毕业生的需求减少，毕业生就业困难，进而影响到职业教育的入口，也即是个体报读职业教育的积极性下降，最后导致职业教育招生量减少，相应地毕业生也减少的局面。相反，较低的“职业教育供需变量 P”下降（表示薪酬水平下降），此时企业更愿意多雇佣职业教育的毕业生，毕业生能够充分就业，进而鼓励在教育入口增加招生量，相应地提高职业教育产品的产出量。

影响区域职业教育总需求的主要因素有以下几个方面：

第一，从宏观角度看，区域经济发展的程度决定对职业教育产品需求的总量，经济增长越快，创造的就业机会越多，对职业教育产品需求的总量也越多。从结构上看，区域产业结构决定着对职业教育产品需求的结构。如区域产业结构中三产的比例，就与职业教育产品的需求密切相关，该国对第三产业相关专业教育产品的需求比重就大。与教育机会需求一样，教育产品需求的影响因素有宏观和微观两个方面。

第二，从微观角度看，职业教育毕业生的薪酬水平是影响职业教育产品（毕业生）需求的一个重要因素。企业对职业教育产品（毕业生）的需求量其实是由企业的边际收益决定的。企业雇佣的职业教育产品

（毕业生）其实也是一种生产要素。当别的生产要素不变时，每增加一个员工，如果边际收益为正，企业就会继续增加员工；如果边际收益为负，则企业就不再增加雇佣员工；可见，职业教育产品，也即毕业生的薪酬水平也是影响职业教育产品需求的一个重要因素。

3. **职业教育产品价格**

因为教育供需关系的特殊性，因此对影响职业教育供需关系的“职业教育供需变量 P”给出明确的界定是非常困难的，主要难点在于影响职业教育供需的因素中，很多是制度、社会心理、教育预期等非经济的因素，这些因素不能直接量化为经济观点与经济指标来衡量，这也是教育经济学的难题。有学者给教育价格的定义是在一定时期（例如一年）接受教育所要付出的全部资金（包括个人、政府、企业和其他社会团体的教育投入），这个方法虽然在一定程度上揭示了教育价格的构成，但是这个方法的缺陷是没有考虑到教育的收益率，只考虑了教育成本，因此是不全面的。

本研究提出了一种方法：“职业教育供需变量 P” = “职业教育毕业生平均薪酬水平” $\times N-$ “职业教育学生就学期间学费支出”。职业教育毕业生就业当年的年平均工资的常数 N 倍减去就学期间的学费支出，这只是一个粗略的计算办法，这个办法中也忽略了非经济因素对职业教育供求的影响。可引入常数 L，它的含义是职业教育毕业生用工作 L 年的工资总和减去就读职业教育时支付的学费支出，使用常数 L 的目的是要确保“职业教育供需变量 P”是正数。

“职业教育供需变量 P”由“职业教育毕业生平均薪酬水平”与“职业教育学生就学期间学费支出”两个要素构成。这两个要素是如何影响职业教育产品的供需与职业教育机会的供需，详细分析如下：“职业教育毕业生平均薪酬水平”直接影响着职业教育产品的需求（对毕业生的需求量随着平均薪酬水平的下降而上升，随着平均薪酬水平上升而下降）；“职业教育毕业生平均薪酬水平”也直接影响着职业教育产品的供给（职业教育毕业生的供给量随着平均薪酬水平的下降而下降，随着平均薪酬水平的上升而上升），“职业教育毕业生平均薪酬水平”与需求量呈反方向变动，与供给量呈同方面变动。“职业教育学生就学期间学费支出”则直接影响着职业教育机会的需求，职业教育机会的需求的大小，影响着学生们的就学选择，经过3年或者是4年的培养期之后，传导至职业教育产品，则决定着职业教育产品的供给量。因此，“职业教育学生就学期间学费支出”上升，职业教育机会的需求下降，则职业教育产品的供给量下降。“职业教育学生就学期间学费支出”与职业教育产品的供给量呈反方向变动。

可以认为，在职业教育供需变量 P 构成的两个因素中，主要起作用的因素是“职业教育毕业生平均薪酬水平”，因此，本研究中对职业教育供需变量 P 的界定为正数。

4. **职业教育产品供需均衡**

在职业教育供需模型中，通过职业教育供需变量 P 的调节作用，供给和需求互相平衡，市场同样会达到一个均衡的状态。当职业教育供需变量 P 比均衡价格高时，就会出现商品供给量增加的情况，于是就出现供给大于需求，这时候职业教育毕业生就业困难，雇主会压低价格，职业教育毕业生的薪酬水平拉低，同时会出现招生难，职业教育产品的供给量减少，职业教育供需变量 P 下降。相反，当职业教育供需变量 P 低于均衡价格时，社会对职业教育毕业生的需求量增加，出现需求大于供给的局面，这时候职业教育毕业生的薪酬水平上升，雇主需要提高薪酬才能雇到合适的毕业生，同时个体就读职业教育的意愿上升，供给量增加，一直上升到均衡价格的水平，于是职业教育供需动态平衡状态就形成了。

4.1.3 职业教育产品的特征与属性

是否适合利用供给与需求理论框架对区域职业教育结构进行分析，还需要对职业教育产品属性进行判断，只有职业教育产品的属性中具有供给与需求理论成立的基本条件时，才可以利用这个框架分析区域职业教育结构中存在的问题。因此，首先要对职业教育产品的属性进行判断。

1. **公共产品、混合产品与私人产品**

公共经济学理论对社会产品分为“私人产品、公共产品和混合产品”[88]。公共产品可分为纯公共产品和准公共产品，也即是混合产品，因为现实生活中大部分的产品具有公共产品的部分属性，但又不属于纯公共产品，因此有混合产品的概念，混合产品既具有公共产品的属性也具有私人产品的属性[88]。

2. **职业教育的产品特征**

对于教育供给与需求的概念界定范围的演变。纵观我国教育经济研究的历史，有如下主要的观点演变过程，一是侧重于对教育机会的供求的观点，范先佐（1999）给出了如下的界定：“教育供给是指一定的社会为了培养各种熟练劳动力和专门人才，促进经济、社会和个人的发展，而由各级各类教育机构提供给学生的受教育机会，包括正规教育机构，也包括非正规机构提供的教育机会，如成人教育、在职培训等。教育需求是指个人、国家和企业对教育有支付能力的需要”[110]。在以上的观点之后，吴克明（2001）把教育的供给与需求分为机会和产品的两个层面，给出了如下的观点：“教育过程有起点也有终点，学校有‘入口’也有‘出口’，发生在教育过程的起点或学校‘入口’的是教育机会供给与需求，发生在教育过程终点或学校‘出口’的教育供求称为教育产品供求”，学校教育的过程是教育产品生成的途径，学生在学校里掌握知识，并从学校毕业，此时的毕业生就是教育产品。教育的供给与需求可以分为教育机会的供给与需求、教育产品的供给与需求”[89]。这一概念已被我国教育经济学术界广为接受。

在经济学中的产品指的是生产加工出来的产品，而教育，包括职业教育，都是培养人的活动，因此，各级各类学校可以看作是加工生产部门，生产与加工的对象就是学生，教育部门生产的产品就是学生的知识、技能的增加和能力、素质的提高，教育的过程使得学生增强了人力资本，由于教育产品的特殊性，教育产品是凝聚在人身上的，是与人不可分离的。因此，为了以下分析方便，我们将合格的职业教育毕业生称为职业教育产品。

在关于教育产品的供求过程中的现象，吴克明（2001）的论述很典型：“教育产品供求与教育机会供求发生在同一教育过程的两个不同环节，教育机会的需求与供给发生于教育过程的起点或学校的‘入口’，供给方为各级各类学校，需求方是个人；教育产品供给与需求发生于教育过程的终点或学校的‘出口’，供求双方为各级各类教育毕业生和用人单位，供求对象为教育产品，也就是各级各类的合格的毕业生”[89]。

3. **职业教育的产品属性**

职业教育产品也属于教育产品中的一个分类，它具有教育产品的所有特征，但是又具有不同于一般教育产品的属性。学界的共同观点是教育产品属于混合产品，也就是准公共产品[89]。教育产品的私人属性体现在接受教育能使受教育者增加知识与能力，教育产品的公共属性体现在受教育者在接受教育之后对社会是有益的[89]。其中基础教育的公共属性更强，高等教育的私人属性更强。

具体到职业教育而言，本书研究的职业教育包含中等职业教育与高等职业教育，中等职业教育属于高中阶段的教育，高等职业教育属于高等教育。从教育产品的属性来看，中等职业教育的公共产品属性更强一些，尤其是近年来我国对于中等职业教育的免学费政策，也是基于对于中等职业教育阶段的公共产品属性的考虑。尽管这个阶段的教育的公共属性很强，但是在目前的经济社会发展阶段，高中阶段教育还不能归为公共产品，因此，中等职业教育与高等职业教育都属于混合产品。

4.1.4 我国职业教育供需驱动模式

对我国目前职业教育供给和需求的状况判断是至关重要的，它关系到职业教育供给与需求模型研究的内容和结果与我国区域职业教育的现实的吻合度的问题。

1. **需求驱动型与供给驱动型的特征分析**

职业教育的供给与需求的调控机制也有两种驱动方式：基于市场调节的需求驱动型与基于政府调节的供给驱动型[90]。

基于政府调节的供给驱动型的职业教育模式的特征分析。随着工业化阶段的发展，对技能型人才需求进一步增加，仅仅依靠传统的学徒培

训不能满足企业的需求，建立和完善正规的职业教育体系是需要的。在供给驱动的模式下，政府和职业教育院校更多地关注供给问题，对市场的需求问题关注不够，因此这种模式可能造成技能供给与需求不匹配。因此，供给驱动模式的主要问题是刚性的规划与动态的市场需求之间往往不匹配[90]。

基于市场调节的需求驱动型的职业教育模式的特征分析。由于供给驱动型的职业教育模式对学生的就业能力缺乏关注，毕业生失业的现象增加，于是对供给驱动模式有质疑之声。同时，职业教育的另外一种模式需求驱动模式逐渐进入视野，这种模式的基本思想是职业院校要根据市场的需要提供技能培养[90]，总之，在需求驱动的职业教育模式下，职业教育院校的办学自主权更大了，对市场的灵敏程度也提高了，同时私营的职业教育机构所占的比例也在增大。这种模式显现出在调节供需均衡方面的优势。

2. 对我国职业教育驱动模式的判断

通过对供给驱动型与需求驱动型的职业教育供需模式的特征分析可知，随着社会阶段的发展，从供给驱动型向需求驱动型转变的动因是供给驱动型造成了技能供给与需求不匹配，是社会对供需模式的一种调节方式的变换。

分析我国职业教育发展的驱动模式，基本的判断是我国职业教育体系正在经历由供给驱动型向需求驱动型转变的过程。划分这两个模式的标志性事件是大中专毕业生包分配政策的取消。分析我国的大中专毕业生就业的过程，其实可以清晰地划分供给驱动与需求驱动的界限：在我国实行的大中专毕业生就业包分配、免学费的政策下，教育的供给者不需要考虑毕业生的工作问题，因此也不需要十分关注社会的需求，这个阶段的职业教育是完全的供给驱动型的；国家取消包分配、免学费的政策之后，职业院校培养的毕业生要有求职与择业的过程，这个其实是与社会对接的过程，职业教育结构是否合理、职业教育的质量高低等问题都在毕业生的就业环节中得到反馈。

按照以上的原则，可以将我国职业教育的驱动模式划分为两个阶段。

（1）典型的职业教育供给驱动阶段。从中华人民共和国成立到1978年改革开放前，我国职业教育体系是以中等职业教育为主的，这个阶段的职业教育是以供给驱动型为特征的，实行的是包分配、免学费的政策，因此是典型的供给驱动模式。

从1978年到1996年，也是典型的中等职业教育与高等职业教育的供给驱动阶段，在这个阶段，仍然实行的是包分配、免学费的政策，但是随着市场经济的发展，以供给为主的专业教育体系不能有效反馈企业与社会的需求，出现了职业教育的毕业生与社会的需求脱节的情况。

（2）职业教育供给驱动阶段向需求驱动的过渡阶段。过渡阶段的标志性事件就是国家包分配与免学费政策的取消。从1996年开始，我国高等教育毕业生分配制度从国家“包分配”“免学费”的局面，过渡到“供需见面、双向选择”，并逐步实行建立人才市场、毕业自主择业。到2000年，随着“不包分配、竞争上岗、择优录用”的新机制全面出台，我国毕业生包分配免学费的政策完全取消了。我国的职业教育发展模式正式进入由供给驱动阶段向需求驱动的过渡阶段。

4.1.5 职业教育供需模型适应边界

构建职业教育供需模型需要考虑职业教育与一般市场产品的不同，它具有特殊性，是既需要市场调节，也需要政府宏观调节的特殊产品；同时，也需要深入分析采用职业教育供需模型研究区域职业教育结构的适切性问题。

1. 采用职业教育供需模型研究区域职业教育结构的适宜性

职业教育供需模型中是否需要市场调节，以及市场调节的成分有多大，这是本模型是否适合用于探讨职业教育结构的关键所在，因为如果职业教育结构的调节完全依赖于政府调节，那么这样的供需模型是不适宜用来分析职业教育结构的，因为供需模型本身就是市场经济条件下的模型，下面详细分析。

第一，职业教育是一类准公共产品，因此，供求均衡的调节既不能完全依靠市场，也不能完全依靠政府，其中市场调节是重要的调节措施。

第二，市场调节必不可少。职业教育的办学的核心要素是“教育”

与“职业”，其中的“职业”与社会经济的联系十分紧密。在市场经济环境逐步完善的情况下，职业教育供求受市场影响的因素会逐步加大。目前在我国很多省份出现的中等职业教育招生难的问题，其实是市场调节因素在发挥作用，主要是个体对将来的就业预期、平均薪酬等市场因素综合考虑后的“个体利益最大化”的选择。

第三，政府调节不可或缺，但是调节方式的转变也有利于本模型的运用。在市场经济条件下，政府对职业教育的供给的调节是需要的，并且政府调节的方式也在转变，从纯粹行政指令的调节方式向资金约束或资金支持的方式进行转变。政府对职业教育供求进行宏观调控的方式主要是政府财政补贴，例如开办公立学校，对学生免费或只收低学费，对职业院校提供财政资助等。我国目前实行的中等职业教育免学费政策正是政府转变调节方式的案例之一。

综上所述，职业教育结构的调节不仅离不开市场调节，而且政府调节方式也逐渐以资金约束或者资金支持的方式出现，因此，职业教育供需模型用于分析职业教育结构是适宜的。

2. 采用职业教育供需模型研究区域职业教育结构的局限性

职业教育的供求矛盾不能简单地依靠市场调节，政府的调节具有必要性，主要原因有以下四个。

第一，职业教育属于混合产品，具有正的外部效应。接受职业教育的个体由于受到了职业教育而成为有技能并且遵纪守法的公民，对他人与社会是有益的，因此，职业教育具有正外部效应。这时候需要政府对职业教育提供资源以补偿这种外部效应①，因为市场机制不能提供这种补偿。因此，政府应当承担起弥补职业教育资源补偿的职责，有责任干预、调节职业教育的发展。

第二，在市场经济中，消费者和生产者在充分掌握信息的情况下，

① 外部效应，是指某人在从事某种经济活动时给他人或社会带来的经济上的利益或损害。如果使他人或社会的经济利益增加，就是正的外部效应；反之，就是负的外部效应。

根据自身利益最大化的原则，会做出明智的决策。但是，在现实世界中，由于消费者获取信息的渠道不通畅，信息获取得不充分，市场无法使供求达到均衡。同样的道理，在职业教育领域中，个体在进行职业教育选择时，有时信息是不充分的，例如对于接受职业教育能否获得收益以及收益的大小不了解，对就业方向、专业设置等信息了解不充分等，无法做出导致职业教育供需市场完全均衡的决定，因此，政府介入教育供求的调节也就成为必然。

第三，由于劳动力市场不完善，作为调节供需的“价格信号”在一定程度上有扭曲失真的情况，例如，并不能简单地认为学费上升就必然会导致教育需求减少，或者是毕业生的薪酬上升会导致教育供给增加，学费或者毕业生的薪酬也不等同于市场经济环境下供需模型的价格。市场调节作用的完全发挥需要有前提条件的：一要有比较确定的价格，二要有一定的需求弹性。因此，在劳动力市场不完善的情况下，教育供求的均衡也不能完全依靠市场。

第四，职业教育中也存在规模经济①效应。职业教育的院校作为职业教育机会的提供者，也有一个规模适度的问题，如果全部依靠市场调节，职业教育的供需可能导致供给不足或效率低下。例如，边远山区中人口稀疏的农村可能存在教育供给不足的问题，需要政府的补贴。

综上所述，由于在职业教育供给与需求中，市场调节机制存在着以上四点问题，也可以说是市场调节有时会出现调节不力即“市场失灵”的情况，政府就必须要发挥其宏观调控作用以弥补市场对教育供求调节的不足。

因此，微观经济学中的供求均衡以及宏观经济学中的总供给和总需求的理论模型并不完全适用于教育领域，因为教育产品的部分属性不适合用经济学的观点来进行分析。如果用供需均衡的理论框架对教学产品的供求问题进行分析，必须对经济学的供需模型加以改良，并

① 规模经济是指收益随着生产规模的扩大而递增，相反的情况称为规模不经济。由于当生产处于这个规模时收益达到最大，此时的规模称为最优规模。

重新赋予对供给与需求的调控方式与信号，以适应政府调节与市场调节的共同作用。本研究对职业教育供需变量 P 的定义就是综合考虑了上述因素。

3. 采用职业教育供需模型研究区域职业教育结构的契合性

以上分析了采用职业教育供需模型研究区域职业教育结构的适宜性与局限性，但是还有两个问题需要厘清：一是职业教育与劳动力需求之间是否存在“用部分供给去适配整个需求的问题”，二是职业教育结构与职业教育的供需均衡之间的关系。

第一，是否存在“用部分供给去适配整个需求的问题”。

职业教育产品的供给只是整个教育体系产品供给中的一部分，除此之外还有普通高等教育的教育产品，而社会经济对不同层次、不同专业技能的人才的需求又难以准确分割，在总需求中界定出职业教育的需求是一个难题（例如哪些需求是针对普通高等教育的，哪些需求是针对职业教育的），或者说是没法准确区分需求的针对性，而只能有粗略的区分（例如是技能型的人才，抑或是复合型人才等）。因此，一个直观的质疑是本模型是否存在用部分供给去适配整个需求的问题。

对于这个问题，可以换一个角度，从准确供给与模糊需求的角度分析。学校形态的职业教育供给方，每年产出的职业教育产品（学生）数目是固定的，这就是准确供给。如果每年绝大部分毕业生都能实现充分就业，同时企事业等用人单位在人才市场都能找得到与本单位的岗位相匹配的人才，也就是说人才市场的求人倍率维持在一个合理的区间——如果这两个条件都基本满足，是否也可以认为在准确供给与模糊需求之间基本达到了一个均衡状态。

第二，合理的区域职业教育结构必然对应着区域职业教育的供求均衡。

职业教育供求均衡与职业教育结构合理之间的关系分析。职业教育供求均衡是职业教育资源有效配置的标志，如果职业教育供给与教育需求总量失衡，总供给大于总需求，就形成了职业教育的生产性浪费，职业教育的毕业生在劳动力市场上找不到对口的工作，就业率低、学用一

致率低，这种情况属于浪费职业教育资源；如果职业教育的总供给小于总需求，社会对技能型人才的需求得不到满足，就会导致经济发展速度减缓。如果职业教育供给结构与需求结构失衡，同样也说明职业教育资源配置不合理。社会急需的人才不够，而培养的人才社会又不需要，说明职业教育的专业设置不合理，或者是层次分布不合理，这也会制约社会经济发展。因此，区域职业教育的供求基本均衡背后必然有一个合理的区域职业教育结构。

通过以上的分析，本研究建立的职业教育供给与需求模型，前提是在需求驱动模式的市场经济条件下的关系。目前我国的职业教育正处于供给驱动向需求驱动过渡的过程中，因此，虽然运行环境不是完全的市场经济，但是在控制部分外部影响因素的前提下，运用教育供给与需求模型分析目前的职业教育的结构是可以的。但是必须看到，由于影响职业教育的供需的重要因素除了“职业教育供需变量 P”之外，还有诸多教育政策、社会心理因素等不适宜用经济观点来加以说明；因此本书引入供需理论探讨职业教育是一个尝试，也属于尽力接近事实的研究。

4.2 规模与结构

本研究从“结构”的视角研究职业教育。职业教育结构是指构成职业教育总体系的各个部分的比例关系及其结合形式，有层次结构、专业结构、布局结构之分，合理的职业教育结构对经济和社会发展有重要作用。随着技术的进步与经济结构的演变，职业教育结构也要调整优化。

4.2.1 职业教育结构性理论

职业教育结构是由职业教育与教育结构复合而成的概念。探讨职业教育结构变化就必须环视整个教育体系的变化。我国的高等教育从1977年恢复高考以来发生了巨大的变化，高等教育从精英教育阶段跨入了大众阶段。在这个过程中，作为高等教育重要组成部分的高等职业教育发挥了重要的作用。同时，作为高中阶段教育的主要组成部分，中等职业教育与普通高中一起为我国高等教育输送生源，中等职业教育为我国培养了大量合格的技能型人才。

职业教育结构是职业教育系统的一种结构化形态，研究职业教育结构可以从总体上反映我国职业教育发展的特征，揭示我国职业教育资源配置状况、发展程度，因此，选择职业教育结构研究从实践与理论的角度都具有重要的意义。谢维和认为“结构本身也是一种重要的研究方法，它具有不可忽视的方法论意义。在社会科学的研究范畴中，结构研究是多维度的，例如结构功能论、结构与过程、实体性结构与规范性结构等”[26,109,108,107,102]。

对于“职业教育结构”的定义有多种，比较简洁的是“各级各类职业教育的合理构成”[100,101,102]；对于职业教育结构的内涵，一般指的是职业教育系统各单元、各要素相互关联的方式和相互作用的形式，及其职业教育内部诸要素和外部环境诸因素的关系形式等。职业教育的结构内涵包括层次结构、专业结构、形式结构和布局结构等。职业教育的层次结构是职业教育的纵向结构，主要是指各类职业教育在校学生数（中等职业教育、高等职业教育）占职业教育系统在校生数的比例。职业教育的专业结构是职业教育的横向结构，主要是指相同层次的各类职业教育在校生数占全部职业教育系统在校生总人数的比例。

1. 职业教育层次结构

职业教育的层次结构指的是不同层次的职业教育的构成状态，它是职业教育中不同层次的组合方式的反映。职业教育之所以有不同的层次，例如中等职业教育、高等职业教育等，主要是为了与当地的社会经济发展相适应。不同的产业结构、技术结构决定着需要不同层次的职业教育人才支撑，因此，职业教育培养的不同层次与不同规格的技能型人才的规模、比例要与此相适应。职业教育层次划分的主要作用是在不同层次的技能型人才的培养过程中要反映不同的技能、技术、知识、能力的分级，例如中等职业教育与高等职业教育都培养数控加工类的技能型人才，但是中等职业教育与高等职业教育对于该类人才的培养规格是不同的，最直接的反映是这两个层次的人才在毕业时所获得的技能证书是不同的，有中级与高级之差。

我国正在构建的现代职业教育体系中应当包含从中等职业教育、高

等职业教育到应用型本科、专业硕士与博士的整个人才培养链条。但是，在目前，从我国各级教育部门到学界约定俗成的称谓中，“高等职业教育”指的是我国高等教育体系中具有较强职业性和应用性的一种教育。教育部对于高等职业教育的学历教育的统计口径为高等职业技术院校的教育。本研究选取高等职业教育当年的招生人数作为高等职业教育规模的表征指标。目前我国的“中等职业教育”指的是在初中毕业后进行分流的、与普通高中处于同一个教育层次的职业教育。依据《国际教育标准分类法·1997》中制定的分类标准，高等职业教育是属于5B级的，具体被描述为“课程为实用的、技术的”[26]。

2. 职业教育专业结构

职业教育的专业结构指的是职业教育内部不同专业的构成状态。目前我国职业教育专业设置的依据主要是教育部发布的《中等职业学校专业目录（2010年修订）》与《普通高等学校高职高专教育指导性专业目录》。

教育部发布的《中等职业学校专业目录（2010年修订）》中有19个专业类别，如表4－1所示，涵盖了我国中等职业教育培养中所涉及的专业类别，各个中等职业学校在目录的指导范围之内根据区域社会经济发展的需要设置本校的培养专业。2019年，根据《中等职业学校专业设置管理办法（试行）》，教育部组织开展了修订工作，在原有的19个专业大类中确定增补46个新专业，自2019年起执行。

表4－1　中等职业教育专业大类

专业类别	专业类别
农林牧渔类	休闲保健类
资源环境类	财经商贸类
能源与新能源类	旅游服务类
土木水利类	文化艺术类
加工制造类	体育与健身类

续上表

专业类别	专业类别
石油化工类	教育类
轻纺食品类	司法服务类
交通运输类	公共管理与服务类
信息技术类	其他
医药卫生类	

注：资料来自2010年修订版的《中等职业学校专业目录》。

我国教育部发布的2004年版本的《普通高等学校高职高专教育指导性专业目录（试行）》，是首个高职高专指导性专业目录，按照“以职业岗位群或行业为主，兼顾学科分类”的原则进行划分，有19个专业类别，如表4－2所示，涵盖了我国高等职业教育培养中所涉及的专业类别，各个高等职业学校在目录的指导范围之内根据区域社会经济发展的需要设置本校的培养专业。目前各个省份对于高等职业教育专业设置的管理权限有所不同，有的省份是备案审核制，有的省份是申请评审制，目前的趋势是专业设置的权限逐渐下放到办学主体，也即高等职业院校中。

至2015年，2004年高职专业目录在我国高职教育中已使用了11年，这期间，我国经济社会快速发展，高职发展实现了历史性跨越。为适应国家经济社会发展新需要，满足产业发展以及新职业（群）涌现的新变化，实现现代职业教育体系构建对人才培养结构和专业衔接体系改革的新要求，2015年教育部发布新修订的《普通高等学校高等职业教育（专科）专业目录》和管理办法[117,115]。2015年版本的高职目录设19个专业大类、99个类、748个专业，专业划分上保持了专业大类、专业类、专业三级框架结构[117,115]。

表 4－2　高等职业教育专业大类

专业大类	专业大类
农林牧渔大类	轻纺食品大类
交通运输大类	财经大类
生化与药品大类	医药卫生大类
资源开发与测绘大类	旅游大类
材料与能源大类	公共事业大类
土建大类	文化教育大类
水利大类	艺术设计传媒大类
制造大类	公安大类
电子信息大类	法律大类
环保、气象与安全大类	

注：资料来自 2015 年修订版的《普通高等学校高等职业教育（专科）专业目录》。

3. 职业教育布局结构

职业教育的布局结构指的是职业教育资源在地理空间的分布和结构[102,103,104,106]，职业教育的布局结构问题其实反映的是区域社会经济发展水平的均衡程度。我国地域辽阔，经济社会发展差异很大，呈现出教育资源布局的非均衡度高的特征。职业教育资源的布局也呈现出同样的特征。本研究的区域职业教育布局结构主要是指职业院校与接受职业教育的学生的分布情况，主要从两个层面展开：一是区域内布局，对本研究而言，就是广东省内的职业教育布局结构；二是区域间布局，广东作为一个省域在全国职业教育布局中的位置。之所以考察这两方面的布局问题，是基于两点考虑：第一，考察在职业教育布局结构中区域内与区域间有无共性的特征；第二，探寻区域内与区域间职业教育布局结构中的合作与互补问题。

目前我国共有 23 个省（江苏、福建、广东、吉林、浙江、安徽、甘

肃、陕西、辽宁、黑龙江、湖北、云南、贵州、河北、山西、湖南、山东、河南、青海、江西、四川、海南、台湾），4 个直辖市（天津、上海、北京、重庆）；5 个自治区（内蒙古、宁夏、新疆、西藏、广西）；2 个特别行政区（香港、澳门）。本研究以国家统计局的统计口径，按照 31 个省（自治区、直辖市）对我国区域职业教育发展进行比较研究。

按照我国《中国工业化进程报告（1995—2020）》的研究，将我国 31 个省（自治区、直辖市）进行了工业化进程的阶段划分。他们的研究表明，中国的工业化进程到 2020 年已经处于工业化中期的后半阶段，上海、北京已经达到后工业化阶段；有 10 个区域进入工业化后期，分别是天津、广东、浙江、江苏、山东、重庆、福建、吉林、辽宁、内蒙古；处在工业化中期的共有 16 个区域，分别是山西、广西、贵州、云南、甘肃、河北、黑龙江、安徽、江西、河南、湖北、湖南、四川、山西、青海、宁夏；处在工业化初期的共有三个地区，分别是海南、西藏、新疆[91]。

广东省共有 21 个地级市。广东省统计局按照地域与经济发展情况，将 21 个地级市划分为四个经济区，其中珠三角包含有 9 个地级市，分别是深圳、佛山、广州、江门、东莞、惠州、中山、珠海、肇庆；东翼包含有 4 个地级市，分别是潮州、揭阳、汕头、汕尾；西翼包含有 3 个地级市，分别是湛江、阳江、茂名；山区包含有 5 个地级市，分别是韶关、清远、河源、梅州、云浮。

4.2.2 区域职业教育结构的合理性研究

本研究的核心要点在于构建区域职业教育结构合理性判断的理论基础与实践标准，并以此为判据诊断分析区域职业教育结构中存在的问题，进而找到区域职业教育结构优化途径。以下分为三个层面来探讨区域职业教育的结构合理性判据。

1. 区域职业教育结构合理性分析的理论依据

第一层面是区域职业教育结构合理性分析的理论依据。根据本书第 1 章中对高等教育结构合理性的分析，对区域职业教育结构合理的理论准绳只能是：一要符合人的全面发展的规律，二要适应并适度超前于经济社会发展的规律。符合人的全面发展规律，指的是“人的劳动能力的全面发展，即人的智力和体力的充分、统一的发展。同时，也包括人的才能、志趣和道德品质的多方面发展”[92]；适应并适度超前于经济社会发展的规律，指的是职业教育结构与我国的经济和社会发展，与教育系统内部基础教育、高等教育的发展相适应，并且有利于社会各方支持职业教育发展，充分利用职业教育内外部的资源，发挥职业教育的最佳效益。这个理论准绳是我国职业教育结构调整与优化的指导性理论，但是具体的职业教育结构是否合理，是否满足人的全面发展，是否适应并适度超前于经济社会发展的规律，我们需要更具体的更具有操作性的评价指标。

2. 区域职业教育结构合理性分析的理想标准

第二层面是区域职业教育结构合理性分析的理想标准。区域职业教育结构要适应并适度超前于区域社会经济发展，这是评价区域职业教育结构是否合理的理论标准。但是这个理论标准在判断具体的是否合理的具体指标中缺乏操作性，主要原因是与经济社会适应的含义太宽泛了，几乎所有人类社会生活所涉及的内容和因素都可以囊括在经济社会发展的范畴之中，但是从理论上论证，合理的区域职业教育结构的标准只能是如此表述。那么在实践层面，如何界定这个标准?

职业教育结构问题是一个复杂的理论问题，更是一个繁杂的实践问题。为更好地评价区域职业教育结构合理性，从理论出发，还需要将评价高等教育结构是否合理的理论标准（适应并适度超前于经济社会发展）做一定细化，以便找到一些相关的衡量指标以尽可能地识别、判断区域职业教育结构的问题，这个实践层面的判断标准只能是相对的，是一个过程性的指标，而不是一个终结性的指标。我们只能判断目前的区域职业教育结构的合理性是在逐步改善，还是在恶化，只能有一个合理化趋势的指标。例如，今年与去年相比，如果合理化趋势指数为0，则表示今年与去年相比在合理化方面没有变化；如果趋势指数大于0，则表示今年与去年相比职业教育结构更趋合理化了；如果趋势指数小于0，则表示职业教育结构恶化了。

（1）职业教育供需规模的均衡性指标。

职业教育规模均衡率是从职业教育培养规模角度评价职业教育供给与经济社会发展需求之间是否均衡的指标，是指当年社会为职业教育毕业生提供的就业岗位数与当年毕业生数之比，即：

$$\text{职业教育规模均衡度}=\frac{\text{当年社会为职业教育毕业生提供的就业岗位数}}{\text{当年的职业院校毕业生数}}\times 100\%$$

这一指标反映的是经济社会与职业教育在培养规模上的供求关系。如果职业教育的规模总量供给大于经济社会的需求，则这项指标低于100%；如果社会发展对职业教育的需求大于职业教育的供给，则这项指标大于100%，说明职业教育规模发展不足。如果这项指标接近100%，则说明职业教育与经济社会发展比较适应。职业教育的均衡率主要反映的是职业教育的总供给和总需求之间的均衡状态，主要是规模的适应情况。

从理论上分析，职业教育供给合理的特征是供给曲线与需求曲线在某一个"职业教育供需变量 P"点的交会，但是，职业教育供给和需求绝对的均衡状态只是一个理想，现实的情况是供给和需求围绕均衡点的波动，因此，从职业教育供给和需求的特征入手，分析均衡点的基本特征，不失为一种分析策略。

（2）职业教育结构契合性指标。

只有职业教育的规模均衡度并不能完全反映职业教育的结构失衡问题。例如，如果职业教育的规模均衡度基本达到100%，只能说明在总供给量与总需求量之间是基本均衡的，但是职业教育的产品，也就是毕业生能不能适应社会经济发展的需要，并没有在均衡度中得到反映。如果职业教育的毕业生的就业率只有80%，则说明仍然有20%的毕业生没有就业，说明存在职业教育结构的失衡问题，也许是专业结构不合理，也许是层次结构不合理，也许是培养质量不高等。因此，有必要设计一个职业教育结构契合度，以衡量职业教育结构与经济社会发展的吻合程度。

$$\text{职业教育结构契合度}=\text{职业教育规模均衡度}-\text{职业教育非失业率}$$

$$\text{职业教育非失业率}=\text{职业教育对口就业率}+\text{升学率}$$

使用职业教育非失业率比只用职业教育就业率更合理，原因是我国职业教育体系中对于中高职衔接、高职与本科衔接一直很重视，职业教育的毕业生有就业与继续升学两个渠道。尽管没有统计具体的数据，但是以广东省的情况来看，就业仍然是绝大部分职业教育毕业生的选择，主要是因为目前继续升学的渠道并不畅通。

理想状态的职业教育结构契合度的取值范围在（-1，1）之间，如果职业教育结构契合度是0，说明职业教育结构合理。职业教育结构契合度可能是正数，也可能是负数。职业教育结构契合度绝对值越大，说明职业教育结构越不合理，职业教育的专业、层次或者布局结构与经济社会发展存在严重的不适应现象，需要对职业教育结构进行调整。虽然职业教育结构契合度可以在一定程度上衡量职业教育结构的合理性，但是也需要考虑其他的因素，如就业率低也有个人就业意愿不足等因素，但毕竟这种情况是比较少的。社会科学的定量研究只能是一种接近事实的研究，没有办法绝对准确。

之所以认为职业教育规模均衡度与职业教育结构契合度是衡量职业教育结构的理想指标，而不是可以付诸实践的判据，主要原因有两点。一是职业教育规模均衡度中使用到的当年社会为职业教育毕业生提供的就业岗位是没有办法准确界定的，而只能大致地进行分类。例如，对于会计岗位，达到会计上岗基本资质的毕业生都满足这个岗位的需求，本科毕业生可以，高等职业教育的毕业生也可以，甚至部分中等职业教育的毕业生也可以，而且劳动力市场的存量也可以参与竞争。因此，对于某一类就业岗位，不可能进行准确划分，哪些只能针对高等职业教育，哪些只能针对中等职业教育。二是职业教育对口就业率的准确界定也是有难度的。目前我国教育统计中的对口就业率统计非常粗糙，标准也不尽一致，暂时还没有办法运用到实践中。

鉴于上述的原因，职业教育规模均衡度与职业教育结构契合度暂时还无法用于职业教育结构的具体评价中，只能是一种理想状态的指标。

3. 区域职业教育结构合理性分析的实践判据

从职业教育结构合理性分析的理论准绳，到理想指标，只能作为职

业教育结构分析的理论依据，而不是实践判据。现实的职业教育结构发展是多样化的，制定一个统一的职业教育结构发展目标与指标是不科学的。但是对于目前的职业教育结构状态，我们还是可以设计一些指标，或者称之为参数，用于描述、分析、衡量目前我国职业教育的布局结构、层次结构与专业结构的状态。本书就是基于这样的考虑设计对于职业教育结构衡量的实践判据的。

在设计职业教育结构合理性评价实践判据之前，首先需要考虑以下几个问题。

第一，区域职业教育结构合理必然意味着三个子结构——布局结构、层次结构、专业结构之间是协调的，其内部必然有一个合理的比例，而且三个子结构之间要彼此适应、共同促进，而不是相互制衡。

第二，三个子结构各自关注的重点分析。其中区域职业教育布局结构主要考虑的是职业教育资源配置的公平性与效率性问题，过度集中与平均主义都是不合理的，要综合考虑公平与效率的平衡。从公平的视角看，职业教育的布局结构要尽可能地兼顾区域内职业教育资源配置的公平性，保证区域间发展的相对平衡；从效率的角度看，职业教育的布局结构要从区域实际出发，根据产业对技能型人才需求的实际，优先配置对职业教育需求旺盛的地方，因此既要考虑区域内职业教育发展的必要性问题，也要考虑职业教育投入与产出效益的问题。区域职业教育的层次结构主要关注的是区域内各层次职业教育的比例问题。例如，中等职业教育、高等职业教育之间要有一个合理的比例，充分考虑区域内职业教育的不足和相对过度问题，考虑区域内劳动力技术层次与产业结构层次之间的关系。区域职业教育的专业结构主要关注的问题是，职业教育各个层次中的各专业间要有一个相对合理的布局，要与区域内的产业结构基本吻合，同时还要考虑职业教育的周期性，适度超前于社会发展的需要。

第三，必须考虑数据的可获得性。因为实践判据中设计的指标必须能有具体翔实的数据支撑，因此，数据的可获得性是必须要满足的。

本书设计了以下三类指标对职业教育的布局结构、层次结构、专业

结构的发展状态进行描述与分析（以下三类指标设计思路的内容在本书第3章“指标设计”中已有涉及，在此着重进行职业教育结构合理性分析的阐述）。

（1）区域职业教育结构的协调性指标。

区域职业教育相对偏差率是衡量全国各区域职业教育相对发展水平的指标，属于区域职业教育结构的协调性指标，可以定义为：

$$L = \frac{A - B}{B} \times 100\%$$

其中的 L 是区域职业教育相对偏差率；A 与 B 分别是与区域职业教育发展相关的某项指标在全国的占比。例如，如果用 A 表示某区域常住人口在全国的占比，B 表示某区域 GDP 总量在全国的占比，则 L 的含义是相对于区域 GDP 总量而言，该区域的常住人口的偏差率。

可以定义一个偏差率的合理区间。例如可以将合理区间定义在 $\pm 10\%$ 之内，那么如果相对偏差率 L 在 $\pm 10\%$ 之间，可以认为该区域职业教育指标 A 相对于指标 B 而言发展程度相宜；当相对偏差率 L 大于 10%，可以认为该区域职业教育指标 A 相对于指标 B 而言比较发达；当相对偏差小于 -10%，则认为该区域职业教育指标 A 相对于指标 B 而言发展不足。

基于常住人口的区域职业教育规模相对偏差率是衡量区域职业教育规模相对区域常住人口规模的一项指标，具体而言就是衡量某区域职业教育在校生人数占全国职业教育在校生人数的比例与该区域常住人口占全国总人口的比例之间的差异程度。

基于 GDP 总量的区域职业教育规模相对偏差率是衡量区域职业教育规模相对区域 GDP 总量的一项指标，具体而言就是衡量某区域职业教育在校生人数占全国职业教育在校生人数的比例与该区域 GDP 占全国 GDP 总量的比例之间的差异程度。

基于常住人口的区域职业教育规模相对偏差率可定义为：

$$M = \frac{C - D}{D} \times 100\%$$

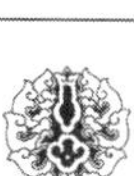

式中的 M 代表区域职业教育规模相对于常住人口的相对偏差率；C 代表区域职业教育在校生人数占全国职业教育在校生人数的比例；D 代表区域常住人口占全国总人口的比例。相对偏差在 ±10% 之间可以认为该区域职业教育规模与常住人口基本持平；相对偏差大于 10% 可以认为该区域职业教育规模比较大；相对偏差小于 -10% 可以认为该区域职业规模发展不足。基于 GDP 总量的区域职业教育规模相对偏差率与此类似。

（2）区域职业教育结构的适应性指标

分析各个区域职业教育结构与经济发展的适应程度的前提是判断“适应度”的标准是什么，以什么样的标准来衡量这个适应程度。在分析各个区域职业教育与经济发展之间的适应程度之前，对于组成全部区域的整体，也即全国整体水平的职业教育与经济发展的适应程度需要有一个基本的判断。笔者在《区域高等教育与经济发展水平协调性研究：基于 2004 年和 2011 年横截面数据的分析》一文中，做了如下的判断：“我国从 1978 年改革开放至今的 30 多年里，国民经济得到了快速的发展，同期我国的职业教育也经历了一个快速发展的过程，在这个过程中，我国的职业教育为经济社会的发展提供了基本满足要求的人力资源，因此，可以认为就整体而言我国职业教育与经济产业之间是基本协调的，以此为基准分析各区域的相对适应程度，例如某区域的职业教育与经济产业结构水平如果在全国各区域中处于大致相似的排序，则认为是协调的，反之亦然”[99]。

$$\text{区域职业教育与经济发展相对适应度} = \text{经济发展指标综合排名} - \text{职业教育发展指标综合排名}$$

各区域同年度的职业教育发展指标综合评价排序与经济发展指标综合排序之差定义为相对适应度，相对适应度为 0 表示非常适应，相对适应度在某一区间内表示适应，在某一区间内可以认为比较适应，大于某一区间就表示不适应或者是极不适应。

对于指标“区域职业教育与经济发展相对适应度”的使用有以下三点说明：

第一，指标“区域职业教育与经济发展相对适应度”指的是区域职业教育结构外部适应并适度超前于经济社会发展的需求的程度。区域职业教育结构要跳出职业教育的自身系统，与社会其他系统相适应，这是职业教育外部适应适度超前发展的核心含义。这里有两个层次的含义：一是适应，二是适度超前。关于适应是容易理解的，区域职业教育的结构要与区域内的产业结构相适应，以职业教育的专业结构为例，不论是中等职业教育的18个专业大类的，还是高等职业教育的专业大类的设置比例，都要与区域内产业结构对技能型人才的需求相匹配。对于适度超前的问题，因为修学年限的原因，职业教育的人才培养有一定的滞后期，所以要有适度超前的设计。另外，职业教育人才培养中还要考虑社会发展的趋势问题，例如，我国整体而言，目前正在工业化中期阶段，部分地区已经处于工业化阶段的中后期的过渡阶段，因此职业教育的人才培养要充分考虑我国经济社会发展趋势的需求，同时在对该指标的使用过程中要综合考虑适度超前性的问题。

第二，这个相对适应度是否能恰当地反映职业教育结构与经济发展的适应程度，在很大程度上取决于参与经济发展综合排名与职业教育综合排名的指标选取是否合理。表征一个地区职业教育发展状况与经济发展程度的指标比较多，如何选择指标将直接影响评价结果。笔者认为选用人均指标优于总量指标，依据是职业教育的边际约束很强，“一个地区的经济总量与职业教育水平之间没有必然的线性联系，应该是与该地区的人均指标之间有更强的联系”[99]。具体的指标表述在本书第5章中阐述。

第三，指标“区域职业教育与经济发展相对适应度”并不能表征该区域的职业教育或者是经济发展的绝对程度，它只是代表该区域职业教育与经济发展的协调程度，可以是高水平的协调，也可以是低水平的协调，也即某区域的职业教育与经济发展都在全国各区域中排名靠后，但是排名之差在±4的区间内，只能说明该区域的职业教育与经济发展在低水平上相互适应。

（3）职业教育层次结构的形态指标。

区域职业教育层次结构决定着不同层级职业教育学生的构成，通俗说就是中等职业教育与高等职业教育、应用型本科、专业硕士所构成的职业教育层级的“形状”。各级职业教育学生规模的大小决定着这个形状是“金字塔形”或者“纺锤形”。影响这个形状的主要有三个因素：一是中等职业教育与普通高中的分流问题，二是高等职业教育与普通高等教育的分流问题，三是中等职业教育与高等职业教育的衔接问题。

本书定义了3个职业教育层次结构的形态指标，分别是“中高职比值”“高中阶段教育普职比”“高等教育普职比”。由于本书所研究的职业教育只包含了学校形态职业教育中的中等职业教育与高等职业教育，因此对于应用型本科与专业硕士没有涉及。

A. 中高职比值。

$$\text{中高职比值} = \frac{\text{区域某年度高等职业教育在校生总数}}{\text{区域某年度中等职业教育在校生总数}}$$

指标“中高职比值”的作用主要是用于判断职业教育层次结构中不同层次之间学生规模的情况。由于本书界定的职业教育只包含学校形态的中等职业教育与高等职业教育，因此该比值的含义是中高等职业教育在校生规模的比例。该比值等于1，说明中等职业教育与高等职业教育在校生相等；该比值大于1，说明高等职业教育在校生总数大于中等职业教育在校生总数，数值越大，说明高等职业教育在校生相比中等职业教育在校生越多；该比值小于1，说明高等职业教育在校生总数小于中等职业教育在校生总数，数值越小，说明高等职业教育在校生总数相比中等职业教育在校生总数越少。如果该比值以1为界，小于1，说明该区域的职业教育结构是金字塔形状区间（本书中虽然没有考虑应用型本科与专业硕士，对应用型本科也没有确切的定义，但是可以肯定的是这两部分的学生数量都远远小于高等职业教育的在校生，因此在这种情况下金字塔之说是基本成立的）；该比值如果大于1，说明该区域职业教育结构已经演变为纺锤形状区间了。

B. 普职比。

指标“普职比”的作用主要是用于判断我国教育体系中两次主要的普职教育分流的情况，分别是“高中阶段教育普职比”与“高等教育普职比”。

$$高中阶段教育普职比=\frac{某年度普通高中在校生数}{某年度中等职业教育在校生数}$$

$$高等教育普职比=\frac{某年度普通本科教育在校生数}{某年度高等职业教育在校生数}$$

高中阶段教育的“普职比”呈现了我国第一次教育分流的结果，高等教育的“普职比”显示的是我国第二次教育分流的结果。例如，某区域某年度普通本科在校生数为100万人，高等职业教育在校生数为80万人，则“普职比”为1.25。

对区域职业教育结构的评价是本书“区域职业教育结构性研究”绕不开的研究起点，要对职业教育结构进行评价，就需要有相应的标准，没有标准的评价是不可信的，这是研究区域职业教育结构合理性的逻辑原点。因此，职业教育结构问题的评价标准很重要，它既是区域职业教育结构问题诊断的准绳，也是区域职业教育结构优化的指南。

本章从经济学的供给与需求的分析视角构建了一个职业教育结构合理性的分析模型，探讨了职业教育供需模型的特殊性与适切性，并进一步分析了影响职业教育需求与供给的主要因素。其中影响需求的主要因素有区域经济发展程度与雇用职业教育毕业生的经济成本，影响供给的主要因素有办学要素供给、区域人口规模等。同时对我国目前职业教育供给和需求的特征进行了分析，我国职业教育的供需典型特征是从供给驱动阶段向需求驱动的过渡阶段。

在区域职业教育供给与需求模型的基础上，从三个层面构建了区域职业教育结构合理性的评价体系：第一个层面是区域职业教育结构合理性评价的理论依据，第二个层面是区域职业教育结构合理性评价的理想指标，第三个层面是区域职业教育结构合理性评价的实践判据。对区域职业教育结构合理的理论依据是：一要符合人的全面发展的规律，二要适应并适度超前于经济社会发展的规律。对区域职业教育结构合理性进

行评价的理想指标是职业教育供需规模均衡度和职业教育结构契合度。由于数据的可获得性等因素，该理想指标暂时还不能运用到职业教育结构的实践评价中。

从职业教育结构合理性评价的理论准绳，到理想指标，只能作为职业教育结构分析的理论依据，而不是实践判据。区域职业教育结构合理性评价的实践判据共有三类指标，分别是区域职业教育结构的协调性指标、区域职业教育结构的适应性指标与职业教育层次结构的形态指标，具体而言就是区域职业教育相对偏差率、区域职业教育与经济发展相对适应度、职业教育层次结构比值。

第5章 区域职业教育层次结构研究

从职业教育层次结构的角度来看，我国目前学校形态的职业教育分为中等职业教育、高等职业教育，其中高等职业教育包含本科层次职业教育与专科层次职业教育。区域职业教育层次结构研究的核心问题是，在一个区域内，构成本区域职业教育的各层次职业教育的构成是怎样的。例如，关于中等职业教育与高等职业教育的构成，我国职业教育的主体是学校形态的中等职业教育与高等职业教育，虽然已经有职业本科教育，但是规模太小；因此，中等职业教育规模与高等职业教育规模的大小与两者之间的比例就是衡量目前我国职业教育层次结构的一个重要的指标。如果将职业教育的层次结构比喻为一个类似“金字塔”或者“纺锤”的形状，从下往上，中等职业教育、高等职业教育、应用型本科、专业硕士逐层递进，中等职业教育与高等职业教育的在校生规模的比例决定着一个区域职业教育层次结构的“形状”，究竟是属于“金字塔形”还是属于“纺锤形”。

影响中等职业教育与高等职业教育规模以及两者之间比例的主要有三个因素：一是中等职业教育与普通高中的分流问题，二是高等职业教育与普通高等教育的分流问题，三是中等职业教育与高等职业教育、普通高等教育的衔接问题。以上的三个主要因素决定了我国学校形态职业教育的规模。

本章首先研究我国职业教育层次结构的“纵向”与“横向”的演变的历程，之后提取并分析区域职业教育层次结构的特征，作为案例分析广东职业教育层级结构的特点。

5.1 区域职业教育层次结构的“纵向”变化历程

区域职业教育层次结构的“纵向”演变主要研究中等职业教育与高等职业教育之间的规模变化，以及两者之间的规模比例变化问题，也就是探究职业教育内部层次间的规模变化历程与趋势。

探讨中等职业教育与高等职业教育在校生人数的变化是有意义的，它可以让我们直观地观察到这两个层次的职业教育规模的变化情况。但是更有意义的是观察中等职业教育在校生人数与高等职业教育在校生人数的相对比例变化情况，结合时间序列，这个变化情况一定程度上说明了职业教育层次的演变趋势。

本研究用“中高职比值”这个指标来说明中高职业教育在校生人数的相对情况。指标“中高职比值”在本书第3章中已经给出定义了，中高职比值=高等职业教育在校生总数/中等职业教育在校生总数，它的作用主要是用于判断该职业教育层次结构中不同层次之间学生规模的情况。由于本书主要研究学校形态的中等职业教育与高等职业教育，因此该比值的含义是中高等职业教育在校生规模的比例。该比值大于1，说明高等职业教育在校生总数大于中等职业教育在校生总数，数值越大，说明高等职业教育在校生相比中等职业教育在校生越多；该比值小于1，说明高等职业教育在校生总数小于中等职业教育在校生总数。如果以1为界，小于1说明该区域的职业教育结构是金字塔形状区间（本书中虽然没有考虑职业本科、应用型本科与专业硕士，对应用型本科也没有确切的定义，但是可以肯定的是这两部分的学生数量都远远小于高等职业教育的在校生，因此在这种情况下金字塔之说是基本成立的），大于1说明该区域职业教育结构已经演变为纺锤形状区间了。

5.1.1 全国中高职教育规模变化情况

首先，用中高职比值的角度考察我国整体职业教育层次结构的演变情况，表5-1是我国1999年至2019年全国中高等职业教育在校生数及中高职比值。

如图 5 - 1 所示，我们首先注意到的是我国中等职业教育在校生人数的变化，从 1999—2019 年形成了四个不同的发展阶段，从 1999 年的 1 417. 51万人逐年递减到 2001 年的 1 164. 9 万人，之后从 2002 年开始进入上升阶段，从 2001 年的 1 164. 9 万人持续增长了 9 年，到 2010 年达到了顶峰的 2 237. 4 万人，之后走入下降通道，至 2018 年下降到 1 555. 26 万人，2019 年有所回升，达到 1 576. 47 万人。我国高等职业教育规模的演变情况与中等职业教育不同，高等职业教育规模从 1999 年至 2019 年是一个持续增长的过程，从 1999 年的 136. 15 万人增长至 2019 年的 1 280. 70 万人，21 年间增长了逾 8 倍，在这个过程中，有些年份增长幅度较大，例如 2002—2004 年等，这是当年高等教育大扩招的影响，其余年份的增长幅度是比较平稳的。从以上的分析可知，我国中等职业教育在校生人数与高等职业教育在校生人数呈现出不同的演变态势。

全国中高等职业教育在校生的相对比例变化的指标“中高职比值”的演变态势如表 5 - 1 所示，从 1999 年至 2019 年总体呈现出上升的形态，从 1999 年的 0. 10 上升到 2019 年的 0. 81，说明在我国职业教育规模总体逐年增加的过程中，内部的中高等职业教育的层次结构在持续地演变。例如 1999 年的中等职业教育规模有 1 417. 51 万人，而当年的高等职业教育规模只有 136. 15 万人，因此当年的中高职比值是 0. 10，也即高等职业教育规模只占中等职业教育规模的十分之一；到 2019 年时中等职业教育规模达到 1 576. 47 万人，而高等职业教育规模也已经达到了 1 280. 70 万人，中高职比值是 0. 81，也即当年高等职业教育规模已经达到中等职业教育规模的 81%，说明在这 21 年中，我国职业教育的层次重心在逐步上移。仔细分析中高职比值的上升过程，里面出现了两个明显的快速上升区间，分别是 2002 年到 2005 年、2012 年到 2019 年，这两个区间中，中高职比值在急速上升，说明这个区间职业教育的结构中的层次在快速上移。

表 5－1　全国中高等职业教育在校生数及中高职比值（1999—2019 年）

年份	高等职业教育 在校生/万人	中等职业教育 在校生/万人	中高职比值
1999	136.15	1 417.51	0.10
2000	100.87	1 284.50	0.08
2001	146.79	1 164.90	0.13
2002	193.41	1 190.80	0.16
2003	479.40	1 256.70	0.38
2004	595.65	1 409.20	0.42
2005	712.96	1 600.00	0.45
2006	795.50	1 809.90	0.44
2007	860.59	1 987.00	0.43
2008	916.80	2 087.10	0.44
2009	964.81	2 194.20	0.44
2010	966.18	2 237.40	0.43
2011	958.85	2 204.30	0.43
2012	964.23	2 112.70	0.46
2013	973.64	1 923.00	0.51
2014	1 006.63	1 755.30	0.57
2015	1 048.61	1 656.70	0.63
2016	1 082.89	1 599.00	0.68
2017	1 104.95	1 592.50	0.69
2018	1 133.70	1 555.26	0.72
2019	1 280.70	1 576.47	0.81

注：高等职业教育在校生人数的数据来自国家统计局，原指标名“普通专科在校学生数”。在我国的统计指标体系中，没有“高等职业教育”这个指标，因此采用“普通专科在校学生数”替代“高等职业教育在校生数”有合理性，主要原因是2018

年的“职业本科”出现之前，我国高等职业教育基本处于专科层次，极个别高职院校通过联合办学等方式招收个别本科专业不足以影响统计指标。

中等职业教育在校生人数的数据来自国家统计局，原指标名为“中等职业教育在校生”。

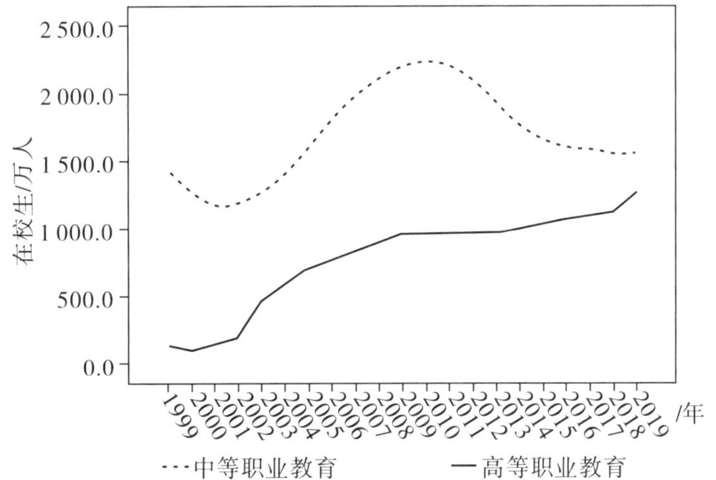

图 5-1　我国高等职业教育与中等职业教育在校生规模（1999—2019 年）

以上分析了全国的情况，下面我们聚焦一个具体的省份，考察广东的情况。如表 5-2 所示，广东省中等职业教育的在校生规模在 2003—2019 年间总体呈递增态势，2003 年广东中等职业教育在校生（包含技校生）总数为 86.98 万人，至 2012 年已经增至 238.09 万人，从 2012 年之后逐年递减，至 2019 年递减至 143.74 万人，广东中等职业教育规模与全国的演变态势是一致的，只不过广东的规模峰值出现在 2012 年，比全国的峰值 2010 年迟到了两年。

表 5-2 广东省中等职业教育在校生数与技工教育在校生数（2003—2019 年）

年份	中等职业教育在校生/万人	技工学校在校生/万人	合计/万人
2003	63.08	23.90	86.98
2004	65.54	28.11	93.65
2005	71.02	32.81	103.83
2006	80.84	38.16	119.00
2007	90.76	45.81	136.57
2008	100.08	53.54	153.62
2009	120.46	64.11	184.57
2010	154.78	75.56	230.34
2011	152.05	85.13	237.18
2012	149.57	88.52	238.09
2013	140.89	87.62	228.51
2014	128.22	62.26	190.48
2015	117.21	58.86	176.07
2016	106.57	53.26	159.83
2017	99.39	55.37	154.76
2018	86.73	54.27	141.00
2019	85.97	57.77	143.74

数据来源：中国经济社会发展统计数据库。

广东的中高等职业教育在校生人数如表 5-3 所示，广东的高等职业教育规模演变趋势与中等职业教育的演变趋势不同，从 2003 年到 2016 年，广东的高等职业教育在校生人数呈现出逐年递增的趋势，中间没有拐点与峰值，是一个连续增加的过程；2017 年降至 129.50 万人，之后两年都在增长。总体来看，从 2003 年的 54.17 万人增加至 2019 年的 155.01 万人。

广东中高等职业教育在校生的比值“中高职比值”从2003年至2019年，也以2010年为界限，分为两个阶段：2003—2010年，“中高职比值”逐步缓慢降低，从0.62降至0.41，这个阶段的中等职业教育与高等职业教育的规模都在增加，它们之间的比值也基本保持稳定；从2010年开始，中等职业教育与高等职业教育的规模变化分道扬镳，中等职业教育规模先是持续增长，继而从2014年开始萎缩，而高等职业教育规模仍然保持持续增长的态势，因此“中高职比值”从2010年开始逐步加大，从2010年的0.41快速增加到2019年的1.08，说明在职业教育的范畴内，广东职业教育的层次重心也在逐步上移。

如果将职业教育的层次结构比喻为一个金字塔形状，中等职业教育、高等职业教育、应用型本科、专业硕士逐层递进，那么广东的职业教育结构在2010年就是一个典型的金字塔，中等职业教育规模比较大，高等职业教育规模相对于中等职业教育而言是比较小的。请注意，至2019年，广东的中等职业教育在校生人数与高等职业教育在校生人数已经基本相当了，这个时候广东的职业教育结构就不是金字塔形状了，已经往纺锤形演变了。要判断职业教育的层次结构是否合理，还需要有足够多的其他证据与理由，在后面的章节中从不同维度分析。

表5-3　广东省中高等职业教育在校生数及中高职比值（2003—2019年）

年份	高等职业教育在校生/万人	中等职业教育在校生（含技工教育）/万人	中高职比值
2003	54.17	86.98	0.62
2004	55.98	93.65	0.60
2005	64.52	103.83	0.62
2006	75.06	119.00	0.63
2007	80.92	136.57	0.59
2008	86.35	153.62	0.56
2009	92.22	184.57	0.50
2010	95.04	230.34	0.41

续上表

年份	高等职业教育在校生/万人	中等职业教育在校生（含技工教育）/万人	中高职比值
2011	97.87	237.18	0.41
2012	104.44	238.09	0.44
2013	113.06	228.51	0.49
2014	125.00	190.48	0.66
2015	130.74	176.07	0.74
2016	130.63	159.83	0.82
2017	129.50	154.76	0.84
2018	135.52	141.00	0.96
2019	155.01	143.74	1.08

注：高等职业教育在校生人数的数据来自国务院发展研究中心信息网（国研网），原指标名“在校专科生人数”。

5.1.2 各区域中高职教育规模变化情况

从横向比较的角度，分别从2012年与2019年两个时间截面，用中高职比值的指标对全国各个区域的职业教育层次结构进行分析。表5－4是2012年我国31个省（自治区、直辖市）中等职业教育与高等职业教育在校生及中高职比值。以中高职比值1和0.8为界，对我国31个省（自治区、直辖市）进行划分，全国共有6个区域的中高职比值大于等于1，分别是天津、湖北、上海、北京、辽宁、黑龙江，也就是说，这些区域的职业教育的层次结构中，高等职业教育的在校生数要大于中等职业教育的在校生数，也说明这些区域的职业教育形状已经初步演变为“纺锤形”区间了；处于0.8～0.99区间的区域共有11个，分别是江苏、吉林、陕西、西藏、浙江、江西、重庆、山东、内蒙古、湖南、山西，这些区域的中等职业教育在校生数与高等职业教育在校生数已经比较接近，金字塔形的特征已经不明显了；处于0.8以下的有14个区域，分别是河北、新疆、广东、甘肃、河南、四川、福建、安徽、宁夏、海南、广西、贵州、云南、青海，这些区域属于典型的金字塔形。分析这3类区域，大致有个特点，就是纺锤形的，都是经济比较发达的区域，典型金字塔形的，基本是经济欠发达区域。这之中只有一个例外，就是广东省。与广东省经济发展程度相若的其他区域，职业教育层次结构都处于纺锤形区间，或者是金字塔形特征不明显的区间，只有广东省仍然处于金字塔形特征比较明显的区间。

表5-4　各地区中等职业教育与高等职业教育在校生数及中高职比值（2012年）

序号	地区	中等职业教育在校生/万人	高等职业教育在校生/万人	中高职比值	分类
1	天津	10.57	19.87	1.88	纺锤形
2	湖北	50.05	74.08	1.48	
3	上海	15.65	20.03	1.28	
4	北京	18.97	21.77	1.15	
5	辽宁	38.06	41.53	1.09	
6	黑龙江	29.30	29.32	1.00	
7	江苏	88.45	87.98	0.99	不典型金字塔形
8	吉林	22.89	22.12	0.97	
9	陕西	52.67	50.69	0.96	
10	西藏	1.83	1.66	0.91	
11	浙江	61.86	54.15	0.88	
12	江西	54.91	47.69	0.87	
13	重庆	37.20	32.31	0.87	
14	山东	114.70	96.86	0.84	
15	内蒙古	27.55	22.84	0.83	
16	湖南	73.42	59.81	0.81	
17	山西	48.32	38.59	0.80	

续上表

序号	地区	中等职业教育在校生/万人	高等职业教育在校生/万人	中高职比值	分类
18	河北	93.40	68.82	0.74	典型金字塔形
19	新疆	23.53	17.02	0.72	
20	广东	149.57	104.44	0.70	
21	甘肃	32.78	21.44	0.65	
22	河南	145.66	89.70	0.62	
23	福建	58.30	34.68	0.59	
24	四川	126.26	74.83	0.59	
25	安徽	100.24	58.34	0.58	
26	海南	14.19	8.11	0.57	
27	宁夏	10.48	5.98	0.57	
28	广西	86.24	44.54	0.52	
29	贵州	38.34	19.63	0.51	
30	云南	56.78	28.68	0.51	
31	青海	7.68	2.28	0.30	

注：(1) 高等职业教育在校生人数的数据来自国务院发展研究中心信息网（国研网），原指标名“在校专科生人数”。(2) 中等职业教育在校生人数的数据来自国务院发展研究中心信息网（国研网），中等职业教育在校生不包含技工学校在校生。(3) 中高职比值 = 高等职业教育在校生总数/中等职业教育在校生总数。

表5－5是2019年我国31个省（自治区、直辖市）中等职业教育与高等职业教育在校生及中高职比值。相比于2012年的6个区域，2019年共有23个区域的中高职比值大于1，分别是天津、北京、吉林、陕西、湖北、广东、山东、上海、江西、辽宁、江苏、黑龙江、甘肃、重庆、湖南、内蒙古、河南、福建、四川、浙江、河北、广西、山西，说明这些区域的职业教育形状已经初步演变为“纺锤形”区间了；处于0.8～

0.99区间的区域共有6个，分别是贵州、新疆、云南、宁夏、安徽、海南，这些区域的中等职业教育在校生人数与高等职业教育在校生人数已经比较接近，金字塔形的特征已经不明显了；处于0.8以下的有2个区域，分别是西藏、青海。分析2012年与2019年的“中高职比值”，虽然中间只有8年时间，但是变化是非常明显的，即处于典型金字塔形范围的区域明显减少了，从2012年的14个减少到2019年的2个，幅度是非常大的，也可以说这8年职业教育的重心从中等职业教育向高等职业教育“上移”的速度非常快。

表5-5 各地区中等职业教育与高等职业教育在校生数及中高职比值（2019年）

序号	地区	中等职业教育在校生/万人	高等职业教育在校生/万人	中高职比值	类型
1	天津	8.09	19.90	2.46	纺锤形
2	北京	4.94	11.21	2.27	
3	吉林	11.79	26.51	2.25	
4	陕西	25.75	53.56	2.08	
5	湖北	39.19	71.19	1.82	
6	广东	85.97	155.01	1.80	
7	山东	73.05	129.89	1.78	
8	上海	10.00	16.99	1.70	
9	江西	38.55	65.50	1.70	
10	辽宁	26.51	43.68	1.65	
11	江苏	62.15	98.46	1.58	
12	黑龙江	16.77	26.27	1.57	
13	甘肃	18.67	25.89	1.39	
14	重庆	31.72	43.28	1.36	
15	湖南	67.00	89.59	1.34	
16	内蒙古	16.85	21.02	1.25	

续上表

序号	地区	中等职业教育在校生/万人	高等职业教育在校生/万人	中高职比值	类型
17	河南	111.06	131.51	1.18	纺锤形
18	福建	33.48	38.67	1.15	
19	四川	79.61	88.76	1.11	
20	浙江	54.21	59.09	1.09	
21	河北	77.46	83.65	1.08	
22	广西	68.03	71.64	1.05	
23	山西	29.67	31.23	1.05	
24	贵州	43.81	43.59	0.99	不典型金字塔形
25	新疆	25.54	25.03	0.98	
26	云南	51.32	50.05	0.98	
27	宁夏	7.46	6.65	0.89	
28	安徽	75.07	65.63	0.87	
29	海南	11.73	9.62	0.82	
30	西藏	2.54	1.49	0.59	典型金字塔形
31	青海	8.16	3.38	0.41	

注：(1) 高等职业教育在校生人数的数据来自国务院发展研究中心信息网（国研网），原指标名“在校专科生人数”。(2) 中等职业教育在校生人数的数据来自国务院发展研究中心信息网（国研网），中等职业教育在校生不包含技工学校在校生。(3) 中高职比值=高等职业教育在校生总数/中等职业教育在校生总数。

5.2 区域职业教育层次结构的“横向”变化历程

区域职业教育层次结构的“横向”演变历程主要研究中等职业教育与普通高中、高等职业教育与普通高等教育之间分流的比例问题，也就是探究职业教育与普通教育之间的分流、衔接的历程与趋势。

普通高中与中等职业教育的普职教育的分流政策是决定职业教育的

层次结构的主要因素之一。对于我国高中阶段教育的“职普比”保持“大体相当”相关政策的简明梳理如下：1985 年《中共中央关于教育体制改革的决定》首次提出要求“使大多数地区的各类高中阶段的职业技术学校招生数相当于普通高中的招生数”；之后在 1991 年的《关于大力发展职业技术教育的决定》、2002 年的《国务院关于大力推进职业教育改革与发展的决定》，以及 2005 年的《国务院关于大力发展职业教育的决定》，直至 2010 年的《国家中长期教育改革和发展规划纲要（2010—2020 年）》，都明确要求我国今后一段时期高中阶段的普职比“大体相当”的政策目标；《教育部办公厅关于做好 2019 年中等职业学校招生工作的通知》中再一次明确要求“坚持职普比例大体相当，提高中等职业教育发展水平”。目前，全国各地纷纷将高中阶段教育的“普职比”保持大体相当作为政府专项督导项目进行刚性执行与问责。同理，普通高等教育与高等职业教育的分流政策也是决定职业教育的层次结构的主要因素之一，我国高等教育的“职普比”也在政策层面上一直保持“大体相当”的基调。

5.2.1 高中阶段教育“普职比”的变化

指标“普职比”在本书第 2 章中已经给出定义了，它的作用主要是用于判断职业教育与普通教育分流的情况。高中阶段教育“普职比”呈现了我国第一次教育分流的结果。

1. 从纵向维度分析高中阶段教育的“普职比”

表 5 -6 和图 5 -2 呈现了我国普通高中在校生与中等职业教育在校生数在 1999—2019 年的变化。从 1998 年我国开始实施高等教育大扩招政策之后，对高中阶段教育的影响是深远的，从此普通高中的在校生数持续增加，从 1999 年的 1 049. 70 万人增长到 2019 年的 2 414. 30 万人，图 3 -2 更清晰地呈现了在这近 21 年间，普通高中在校生规模变化可以分为两个阶段：首先是快速增长阶段，从 1999 年至 2007 年总规模逐年增加，峰值出现在 2007 年，有 2 522. 40 万人；之后是基本稳定阶段，至 2019 年为 2 414. 30 万人。

1998 年的高等教育大扩招政策对中等职业教育规模的影响也是很大

的。从 1999 年开始，中等职业教育在校生数所占比例不断萎缩，至 2001 年只有 1 164.90 万人；2002 年 8 月 24 日国务院颁布《关于大力推进职业教育改革与发展的决定》，要求中等职业教育与普通高中招生规模大体相当后，中等职业教育的招生人数才扭转了一路下滑的趋势，开始逐步增长，至 2010 年达到顶峰 2 237.40 万人；之后从 2010 年至 2019 年，中等职业教育在校生规模进入下行通道，规模快速减少，至 2019 年只有 1 576.50万人。

图 5－3 所示是我国高中阶段教育"普职比"的变化图，这个"葫芦"形状变化的普职比例曲线图中清晰地显示，从 1998 年我国开始实施高等教育大扩招政策之后，普通高中的在校生数占高中阶段教育总人数的比例大幅度增加，同时中等职业教育的在校生数所占比例则不断萎缩，至 2004 年中等职业教育在校生数占高中阶段教育的比例达到阶段性最低值 38.60%，普职比达到了 1.58。自从 2002 年 8 月 24 日国务院颁布《关于大力推进职业教育改革与发展的决定》，要求中等职业教育与普通高中招生规模大体相当后，中等职业教育的招生人数才扭转了一路下滑的趋势，直到 2006 年，才在在校生普职比上显示出来，中职比例开始回升，这一回升的趋势持续到 2010 年，我国高中阶段教育的普职比达到"大体相当"的 1.08（普通高中在校生数∶中等职业教育在校生数）。从 2011 年开始，普通高中的比例又缓慢回升。

表 5－6　全国普通高中在校生、中等职业教育学校在校生数与"普职比"（1999—2019 年）

年份	普通高中在校生/万人	中等职业教育（含技校）在校生/万人	普职比
1999	1 049.70	1 417.50	0.74
2000	1 201.30	1 284.50	0.94
2001	1 405.00	1 164.90	1.21
2002	1 683.80	1 190.80	1.41
2003	1 964.80	1 256.70	1.56

续上表

年份	普通高中 在校生/万人	中等职业教育 （含技校）在校生/万人	普职比
2004	2 220. 40	1 409. 20	1. 58
2005	2 409. 10	1 600. 00	1. 51
2006	2 514. 50	1 809. 90	1. 39
2007	2 522. 40	1 987. 00	1. 27
2008	2 476. 30	2 087. 10	1. 19
2009	2 434. 30	2 194. 20	1. 11
2010	2 427. 30	2 237. 40	1. 08
2011	2 454. 80	2 204. 30	1. 11
2012	2 467. 20	2 112. 70	1. 17
2013	2 435. 90	1 923. 00	1. 27
2014	2 400. 50	1 755. 30	1. 37
2015	2 374. 40	1 656. 70	1. 43
2016	2 366. 60	1 599. 00	1. 48
2017	2 374. 55	1 592. 50	1. 49
2018	2 375. 40	1 555. 20	1. 53
2019	2 414. 30	1 576. 50	1. 53

注：（1）数据来自国家统计局；（2）中等职业教育在校生包含技工教育在校生。

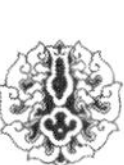

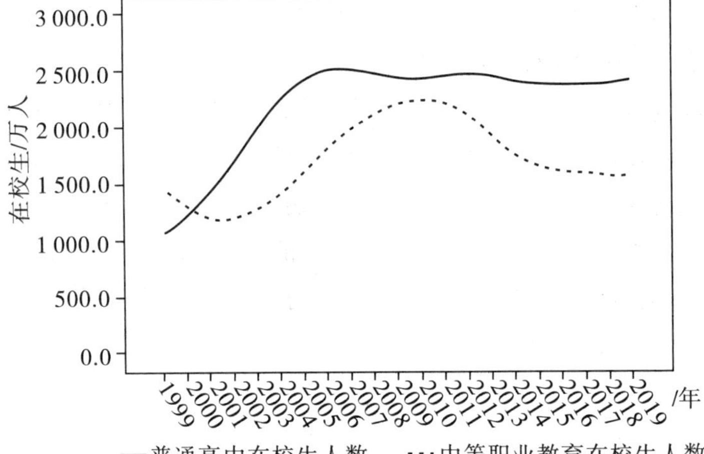

图 5－2　我国普通高中在校生与中等职业教育在校生数（1999—2019 年）

注：(1) 数据来自国家统计局；(2) 中等职业教育在校生包含技工教育在校生。

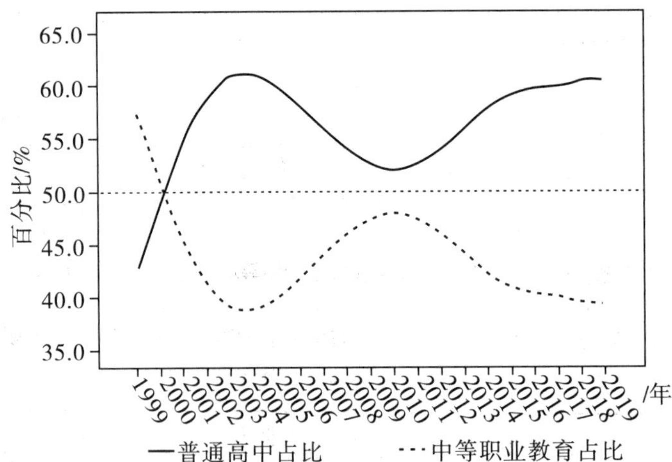

图 5－3　我国普通高中在校生与中等职业教育在校生在高中阶段教育中的占比（1999—2019 年）

注：(1) 数据来自国家统计局；(2) 中等职业教育在校生包含技工教育在校生。

广东高中阶段教育的普通高中在校生数与中职在校生数在 2003 年至 2019 年间的变化如图 5－4 和表 5－7 所示，大体而言是增加的，其中普通高中在校生从 2003 年的 113.72 万人增加到 2019 年的 183.74 万人，中等职业教育在校生从 86.98 万人增加到 143.74 万人。虽然普通高中与中等职业教育在校生规模在过去的 17 年间分别扩大，但是扩大的幅度并不同步。如图 5－4 所示，在 2010—2013 年的 4 年间，广东中职规模是超过普通高中的，这与全国的数据是不一致的，说明在这个阶段广东的中等职业教育规模得到了超常规的发展。

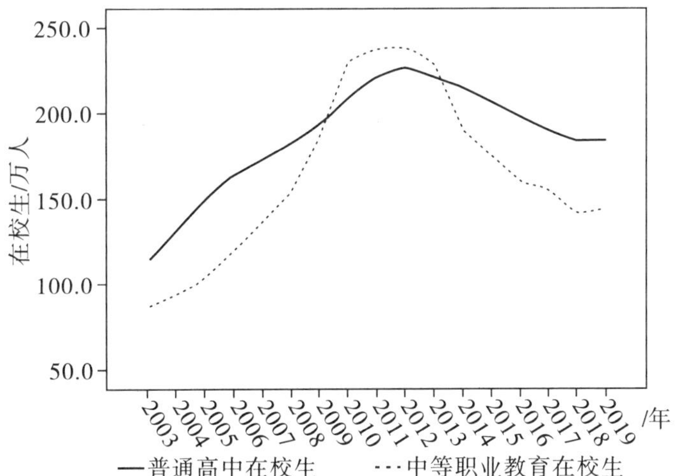

图 5－4　广东省高中阶段教育普通高中在校生与中等职业教育在校生数（2003—2019 年）

表 5－7　广东省普通高中在校生与中等职业教育在校生数及“普职比”

（2003—2019 年）

年份	普通高中 在校生/万人	中等职业教育（含技工） 在校生/万人	普职比
2003	113.72	86.98	1.31
2004	131.31	93.65	1.40
2005	148.99	103.83	1.43
2006	163.46	119.00	1.37

续上表

年份	普通高中 在校生/万人	中等职业教育（含技工） 在校生/万人	普职比
2007	172.43	136.57	1.26
2008	181.76	153.62	1.18
2009	192.44	184.57	1.04
2010	208.95	230.34	0.91
2011	220.41	237.18	0.93
2012	225.93	238.09	0.95
2013	220.45	228.51	0.96
2014	214.02	190.48	1.12
2015	205.40	176.07	1.17
2016	197.37	159.83	1.23
2017	189.27	154.76	1.22
2018	183.71	141.00	1.30
2019	183.74	143.74	1.28

注：数据来自国家统计局，中等职业教育包含技工教育。

从图5－5的比较中可以看出，广东高中阶段教育的“普职比”与全国的走向趋势是基本吻合的，但是也有一些不同于全国趋势的特点，最明显的是广东中等职业教育占高中阶段教育的比例比全国的比例高。例如2012年的普职比，全国平均为1.17，广东的是0.95，说明广东职业教育学生占比高于全国的平均数据。

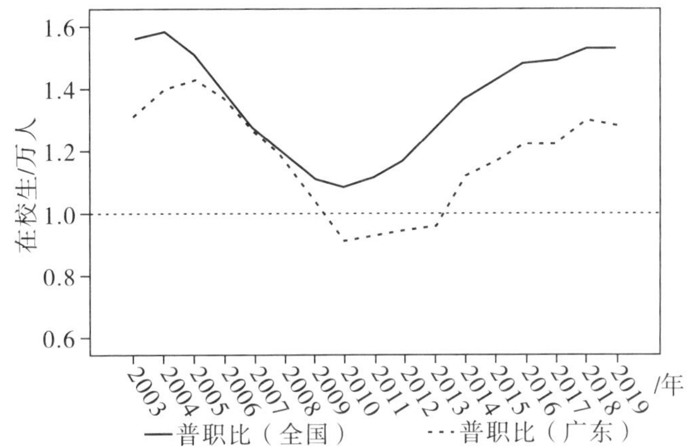

图 5－5　广东省高中阶段教育“普职比”与全国比较（2003—2019 年）

2. 从横向维度分析高中阶段教育的“普职比”

2019 年 31 个省份（直辖市、自治区）高中阶段教育中普通高中在校生与中等职业教育在校生的数量如表 5－8 所示，图 5－6、图 5－7 则更直观地呈现了 2011 年与 2019 年 31 个省份（直辖市、自治区）高中阶段教育中普通高中在校生与中等职业教育在校生的数量。

从图 5－6、图 5－7 中清晰地看出 2011 年与 2019 年两个时间截面：（1）所有省份的普通高中教育在校生数都大于中等职业教育在校生数，只是程度不同而已。（2）所有省份的普通高中在校生规模的绝对数都在增加，但是中等职业教育在校生的规模存在不同程度的下降。（3）几乎所有省份的“普职比”在 2011—2019 年的 9 年间都在增长，说明在这几年的高中阶段教育中，普职教育结构快速变化。（4）在全国统一的政策要求下，各个省份普职教育结构变化的幅度是不同的，存在较大的差异。例如，比较典型的是江西省，在 2011 年时，中等职业教育在校生尚且有 58. 73 万人，普通高中有 78. 35 万人；到 2019 年，中等职业教育只有 38. 55 万人了，普通高中在校生人数增长到 105. 54 万人，“普职比”也从 2011 年的 1. 33 快速增长到 2019 年的 2. 74。再例如江苏省，“普职比”从 2011 年的 1. 39 到 2019 年的 1. 69，变化并不大。

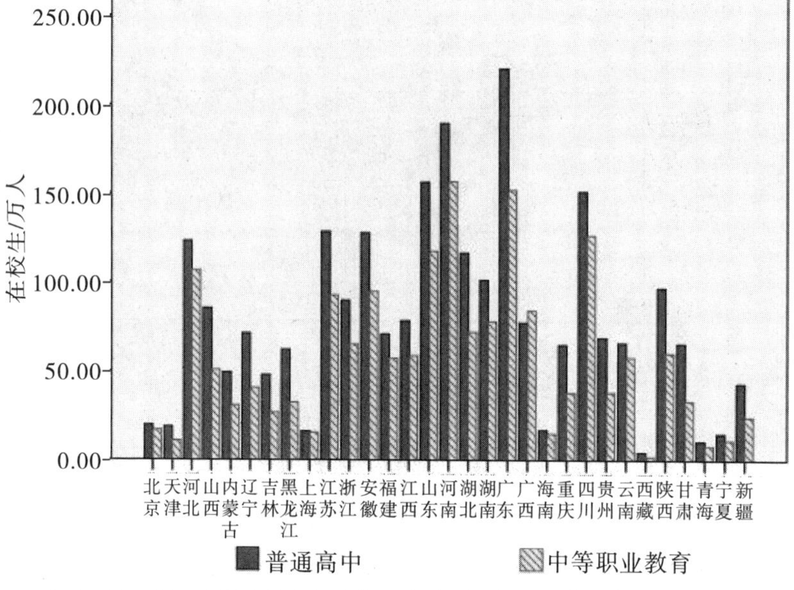

图 5－6　各地区普通高中在校生与中等职业教育在校生数（2011 年）

注：数据来自国家统计局，中等职业教育不含技工教育。

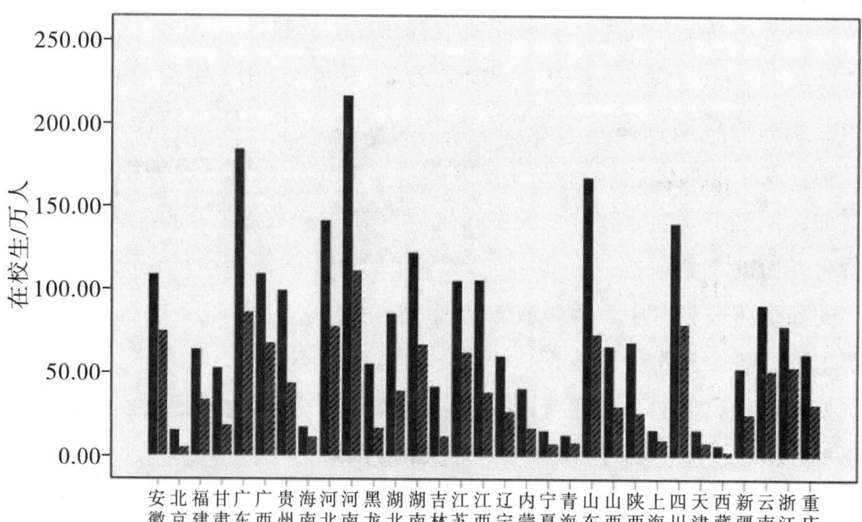

图 5－7　各地区普通高中在校生与中等职业教育在校生数（2019 年）

注：数据来自国家统计局，中等职业教育不含技工教育。

表5-8　各地区普通高中在校生与中等职业教育在校生数及“普职比”

地区	2019年			2011年		
	普通高中/万人	中等职业教育/万人	普职比	普通高中/万人	中等职业教育/万人	普职比
北京	15.29	4.94	3.10	19.51	16.90	1.15
天津	15.86	8.09	1.96	18.55	10.81	1.72
河北	141.20	77.46	1.82	123.32	106.60	1.16
山西	66.01	29.67	2.22	85.27	50.85	1.68
内蒙古	40.62	16.85	2.41	49.35	30.79	1.6
辽宁	60.15	26.51	2.27	71.26	40.76	1.75
吉林	41.84	11.79	3.55	47.88	26.60	1.80
黑龙江	55.17	16.77	3.29	62.23	32.32	1.93
上海	15.94	10.00	1.59	16.11	15.40	1.05
江苏	105.03	62.15	1.69	128.70	92.70	1.39
浙江	78.42	54.21	1.45	89.90	65.20	1.38
安徽	108.80	75.07	1.45	127.89	94.80	1.35
福建	63.93	33.48	1.91	70.95	57.31	1.24
江西	105.54	38.55	2.74	78.35	58.73	1.33
山东	167.21	73.05	2.29	156.42	117.71	1.33
河南	215.88	111.06	1.94	189.51	156.78	1.21
湖北	85.22	39.19	2.17	116.77	72.09	1.62
湖南	122.14	67.00	1.82	101.38	77.88	1.30
广东	183.74	85.97	2.14	220.41	152.05	1.45
广西	109.10	68.03	1.60	77.36	84.20	0.92
海南	17.25	11.73	1.47	16.85	14.87	1.13
重庆	61.66	31.72	1.94	64.87	37.95	1.71
四川	139.81	79.61	1.76	151.20	126.62	1.19

续上表

地区	2019 年			2011 年		
	普通高中/万人	中等职业教育/万人	普职比	普通高中/万人	中等职业教育/万人	普职比
贵州	99.21	43.81	2.26	68.90	37.99	1.81
云南	90.91	51.32	1.77	66.03	57.83	1.14
西藏	6.55	2.54	2.58	4.47	1.98	2.26
陕西	68.39	25.75	2.66	96.92	60.38	1.61
甘肃	52.63	18.67	2.82	65.71	33.26	1.98
青海	12.63	8.16	1.55	10.69	8.01	1.33
宁夏	15.34	7.46	2.06	14.80	11.25	1.32
新疆	52.84	25.54	2.07	43.27	24.30	1.78

注：数据来自国家统计局，中等职业教育不含技工教育。

5.2.2 高等教育"普职比"的变化

1. 从纵向维度分析高等教育的"普职比"

表 5-9 呈现了我国普通本科在校生与高等职业教育学校招生数在 1999—2019 年的变化情况，从 1998 年我国开始实施高等教育大扩招政策之后，普通本科与高等职业教育的招生数持续增加，普通本科从 1999 年的 93.67 万人一路增长到 2019 年的 431.29 万人。图 5-8 更清晰地呈现了在这近 20 年间，我国高等教育招生稳步提升的过程。普通本科与高等职业教育在 2007 年左右招生人数一度非常接近，之后逐步拉开了距离，"普职比"从最低点的 2006 年的 0.86 逐步提升到 2017 年的 1.17，2019 年又降至 0.89。如表 5-9 所示，我国高等教育的"普职比"从 2011 年开始到 2018 年，基本稳定在 1.1～1.2 区间。

高等教育的"普职比"采用同一年普通高等教育的本科招生数与高等职业教育的招生数进行计算的原因是普通本科是四年制，高等职业教育是三年制，不宜采用在校生数。

表 5-9　全国普通本科在校生、高等职业教育学校在校生数与“普职比”（1999—2019 年）

年份	普通本科招生数/万人	高等职业教育招生数/万人	普职比
1999	93.67	61.19	1.53
2000	116.02	48.69	2.38
2001	138.18	66.56	2.08
2002	158.79	89.05	1.78
2003	182.53	199.60	0.91
2004	209.92	237.40	0.88
2005	236.36	268.09	0.88
2006	253.09	292.97	0.86
2007	282.10	283.82	0.99
2008	297.06	310.60	0.96
2009	326.11	313.39	1.04
2010	351.26	310.50	1.13
2011	356.64	324.86	1.10
2012	374.06	314.78	1.19
2013	381.43	318.40	1.20
2014	383.42	337.98	1.13
2015	389.42	348.43	1.12
2016	405.40	343.21	1.18
2017	410.75	350.74	1.17
2018	422.16	368.83	1.14
2019	431.29	483.61	0.89

注：数据来自国家统计局。高等职业教育招生人数原指标名“普通专科生招生人数”。

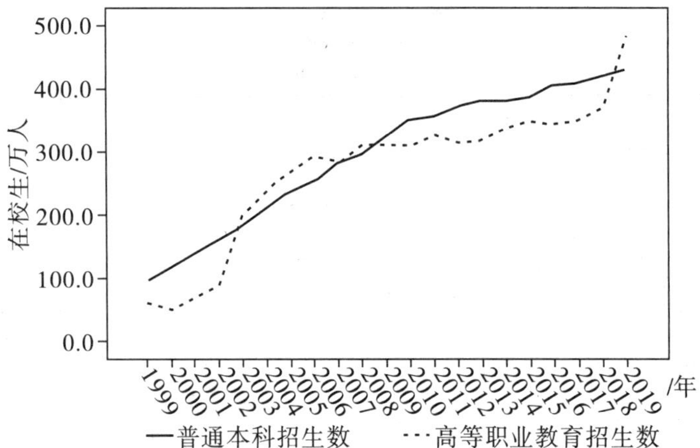

图 5－8　我国普通本科与高等职业教育招生数（1999—2019 年）

注：数据来自国家统计局。高等职业教育招生人数原指标名“普通专科生招生人数”。

2. 从横向维度分析高等教育的“普职比”

2019 年全国 31 个省份（自治区、直辖市）高等教育中普通本科与高等职业教育招生的数量如表 5－10 所示，图 5－9 则更直观地呈现了 2019 年全国 31 个省份（自治区、直辖市）高等教育中普通本科与高等职业教育招生的数量。图 5－10 呈现的是我国 2019 年各省份（自治区、直辖市）普通本科与高等职业教育招生数的普职比。结合这三个图表我们可以观察到：（1）31 个省份（自治区、直辖市）的普通本科与高等职业教育招生数的普职比差异巨大，例如北京的高达 6.12，而广西的只有 0.57，说明在教育第一次分流中已经呈现出了极大的差异，也说明在国家普职教育“大体相当”的政策下，区域的分化已经十分明显了；（2）普职比大于 1 的省份（自治区、直辖市）普通本科招生人数是大于高等职业教育的。

表 5－10　各地区普通本科与高等职业教育招生数及“普职比”（2019 年）

地区	普通本科招生数/万人	高等职业教育招生数/万人	普职比
北京	13.09	2.14	6.12
天津	9.02	5.86	1.54

续上表

地区	普通本科招生数/万人	高等职业教育招生数/万人	普职比
河北	21.29	24.80	0.86
山西	12.28	10.66	1.15
内蒙古	6.32	6.92	0.91
辽宁	16.95	16.17	1.05
吉林	12.07	8.32	1.45
黑龙江	13.57	10.31	1.32
上海	9.57	4.41	2.17
江苏	27.43	24.86	1.10
浙江	15.16	14.89	1.02
安徽	16.61	23.47	0.71
福建	12.84	15.27	0.84
江西	14.57	21.37	0.68
山东	26.46	39.85	0.66
河南	28.73	40.93	0.70
湖北	21.74	21.81	1.00
湖南	18.88	23.45	0.81
广东	28.82	32.81	0.88
广西	13.00	22.98	0.57
海南	3.12	3.74	0.84
重庆	11.77	15.37	0.77
四川	23.52	25.96	0.91
贵州	9.47	15.63	0.61
云南	10.82	13.52	0.80

续上表

地区	普通本科招生数/万人	高等职业教育招生数/万人	普职比
西藏	0.68	0.38	1.82
陕西	17.20	17.90	0.96
甘肃	7.30	8.42	0.87
青海	1.11	1.03	1.08
宁夏	2.20	2.10	1.05
新疆	5.68	8.28	0.69

注：数据来自国家统计局。

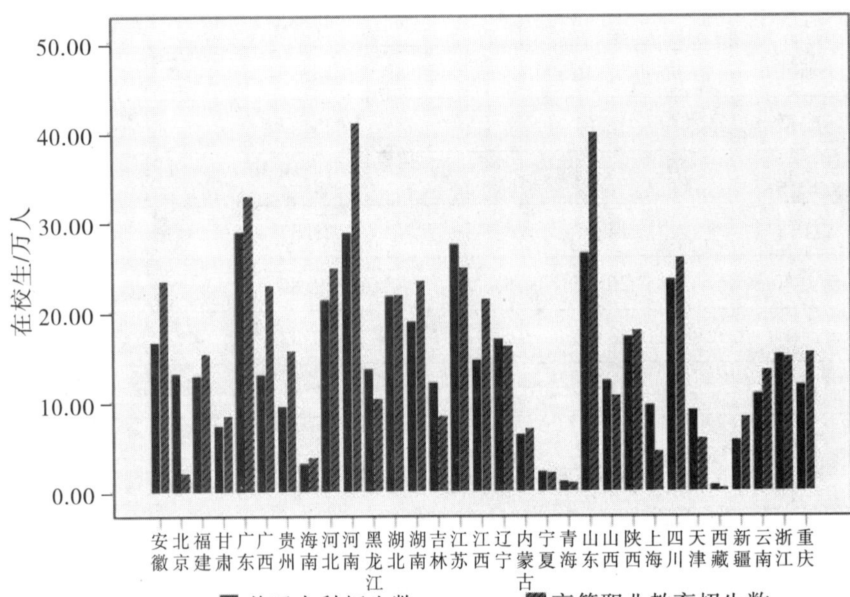

图5-9　各地区普通本科与高等职业教育招生数（2019年）

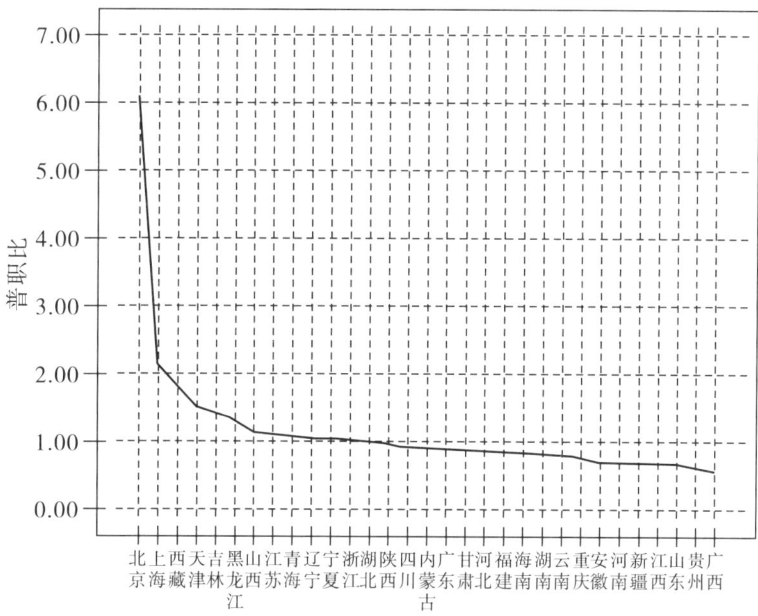

图 5－10　各地区普通本科与高等职业教育招生数的“普职比”（2019 年）

如表 5－11 和图 5－11 所示，广东省的普通本科与高等职业教育招生数在 2003—2019 年间都是持续增加的，其中普通本科招生数从 2003 年的 9.04 万人增加到 2019 年的 28.82 万人，高等职业教育在校生数从 13.55 万人增加到 32.81 万人。2019 年广东的普通本科与高等职业教育招生数的“普职比”为 0.88，同年江苏为 1.10，浙江为 1.02，仅与这两个和广东经济发展相近的省份比较，广东的高等教育中普通本科所占的比例显然比较低，而高等职业教育的比例较大。

表 5－11　广东省普通本科招生数与高等职业教育招生数（2003—2019 年）

年份	普通本科招生数/万人	高等职业教育招生数/万人
2003	9.04	13.55
2004	11.99	14.47
2005	13.65	17.04
2006	15.51	18.42

续上表

年份	普通本科招生数/万人	高等职业教育招生数/万人
2007	16.55	18.63
2008	18.36	20.09
2009	20.83	22.76
2010	21.70	22.02
2011	22.73	24.14
2012	23.95	26.25
2013	25.17	26.52
2014	26.15	27.40
2015	26.96	28.11
2016	27.51	26.47
2017	27.66	28.18
2018	28.28	29.05
2019	28.82	32.81

注：数据来自国家统计局。

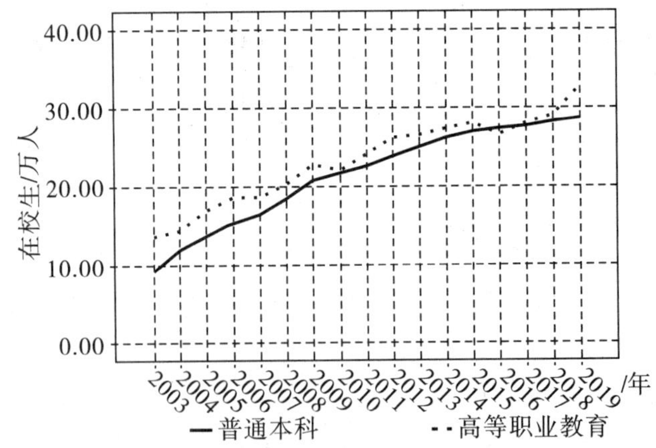

图5－11　广东省普通本科与高等职业教育招生数（2003—2019年）

注：数据来自国家统计局。

5.3 区域职业教育层次结构与经济发展的关系

5.3.1 人均地区生产总值与教育“普职比”的关系

高等教育与高中阶段教育的“普职比”是否与经济发展程度存在密切联系，我们也从两个角度来考察：首先从宏观层面分析，考察我国从1999年至2019年全国的人均地区生产总值与教育“普职比”是否存在某种联系；其次在某个时间截面上考察各个省份的人均地区生产总值与当地的教育“普职比”是否存在某种联系。

表5-12呈现了我国从1999年至2019年全国的人均地区生产总值与教育“普职比”，图5-12则更清晰地呈现了我国从1999—2019年人均地区生产总值与高中阶段教育“普职比”的情况，图5-13呈现了我国从1999—2019年人均地区生产总值与高等教育“普职比”的情况，观察图表可以得出：

（1）我国高中阶段教育“普职比”基本在1~1.5区间波动，从1999年达到最低谷0.74之后，逐年攀升，至2019年已经达到1.53，普通高中的占比在持续扩大，中等职业教育的规模不论是绝对规模还是相对占比都在不断缩小，绝对规模从2008年的2 087.1万人缩小至2019年的1 576.5万人，相对占比也就是高中阶段教育的“普职比”从2008年的1.19升高到2019年1.53，说明我国高中阶段教育的普通高中与中等职业教育的结构已经发生了巨大的变化，目前的趋势是仍然继续上升的。

（2）我国高等教育的“普职比”在2002年之前的数据由于统计口径的缘故，波动比较大。从2003年至2017年我国高等教育的“普职比”呈现出稳步增长的态势，从2003年的0.91增长至2017年的1.17，波动不大，说明在这15年间我国高等教育的普职结构变动趋势明显，但是没有大起大落，是稳步增长的态势。我国2003年普通本科的招生人数是182.53万人，至2017年增长至410.75万人，高等职业教育从2003年的199.6万人增长至2017年350.74万人。

（3）从时间轴的纵切面来观察，我国地区人均生产总值与教育“普职比”总体呈现出没有明显相关的态势。

表 5-12　我国人均地区生产总值与“普职比”（1999—2019 年）

年份	高中阶段教育普职比	高等教育普职比	人均地区生产总值/万元
1999	0.74	1.53	0.72
2000	0.94	2.38	0.79
2001	1.21	2.08	0.87
2002	1.41	1.78	0.95
2003	1.56	0.91	1.07
2004	1.58	0.88	1.25
2005	1.51	0.88	1.44
2006	1.39	0.86	1.67
2007	1.27	0.99	2.05
2008	1.19	0.96	2.41
2009	1.11	1.04	2.62
2010	1.08	1.13	3.08
2011	1.11	1.10	3.63
2012	1.17	1.19	3.99
2013	1.27	1.20	4.37
2014	1.37	1.13	4.70
2015	1.43	1.12	5.00
2016	1.48	1.18	5.37
2017	1.49	1.17	5.92
2018	1.53	1.14	6.46
2019	1.53	0.89	7.03

注：高中阶段教育“普职比”来自前表，人均地区生产总值来自国家统计局。

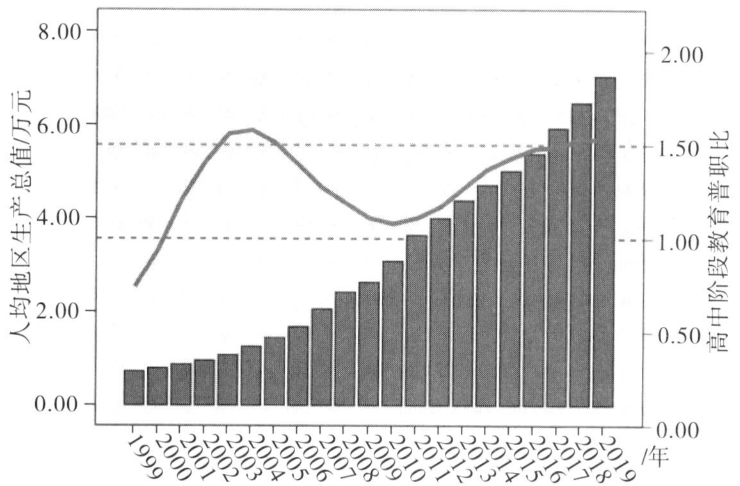

图 5－12　我国人均地区生产总值与高中阶段教育“普职比”（1999—2019 年）

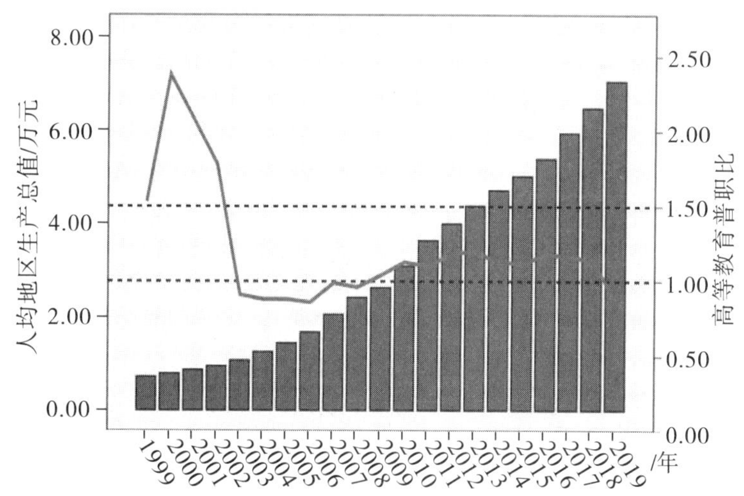

图 5－13　我国人均地区生产总值与高等教育“普职比”（1999—2019 年）

从某个时间点的横切面观察，各个地区的高等教育与高中阶段教育的“普职比”是否与经济发展程度存在密切联系呢？从教育“普职比”的角度来看，表 5－13 呈现了 2019 年我国各地区教育“普职比”与人均地区生产总值，图 5－14 呈现了 2019 年我国各地区的人均地区生产总值与高中阶段教育“普职比”的变化趋势，图 5－15 呈现了 2019 年我国各

地区的人均地区生产总值与高等教育“普职比”的变化趋势。从这两个图中我们发现，各地区的人均地区生产总值差异很大，北京最高16.42万元，甘肃最低只有3.30万人，显示我国经济发展很不平衡；图中水平值为1的水平虚线是“普职比”为1的参考线，两图中代表“普职比”的曲线越接近1，表示两者的在校生数越接近；高中阶段教育“普职比”在1~3的区间中波动，中位数为2.06，高等教育“普职比”在0~2的区间中波动，中位数为0.91；可以得出两个结论：一是高中阶段教育的“普职比”中位数为2.06，与1已经偏离比较远，显示我国高中阶段的普职分流中普通高中的学生数已经远远大于中等职业教育的学生数，我国普职分流“大体相当”的政策在高中阶段已经名存实亡了；高等教育阶段仍然保持在0.91的中位数，说明在高等教育阶段的普职分流仍然在“大体相当”的范畴内。二是各地区的人均地区生产总值与高等教育“普职比”与高中阶段教育“普职比”都没有明显的相关性。对于各地区高中阶段教育的“普职比”与人均地区生产总值没有明显的相关性，笔者分析主要原因是教育部政策的影响过于刚性，对各个经济发展程度差异很大的省份高中阶段教育的政策没有弹性空间，在全国统一的“大体相当”要求下，各地区的高中阶段的教育“普职比”呈现一种无序的状态。

表5-13　各地区“普职比”与人均地区生产总值（2019年）

地区	高中阶段教育普职比	高等教育普职比	人均地区生产总值/万元
北京	3.10	6.12	16.42
天津	1.96	1.54	9.04
河北	1.82	0.86	4.63
山西	2.22	1.15	4.57
内蒙古	2.41	0.91	6.79
辽宁	2.27	1.05	5.72
吉林	3.55	1.45	4.35
黑龙江	3.29	1.32	3.62
上海	1.59	2.17	15.73

续上表

地区	高中阶段教育普职比	高等教育普职比	人均地区生产总值/万元
江苏	1.69	1.10	12.36
浙江	1.45	1.02	10.76
安徽	1.45	0.71	5.85
福建	1.91	0.84	10.71
江西	2.74	0.68	5.32
山东	2.29	0.66	7.07
河南	1.94	0.70	5.64
湖北	2.17	1.00	7.74
湖南	1.82	0.81	5.75
广东	2.14	0.88	9.42
广西	1.60	0.57	4.30
海南	1.47	0.84	5.65
重庆	1.94	0.77	7.58
四川	1.76	0.91	5.58
贵州	2.26	0.61	4.64
云南	1.77	0.80	4.79
西藏	2.58	1.82	4.89
陕西	2.66	0.96	6.66
甘肃	2.82	0.87	3.30
青海	1.55	1.08	4.90
宁夏	2.06	1.05	5.42
新疆	2.07	0.69	5.43

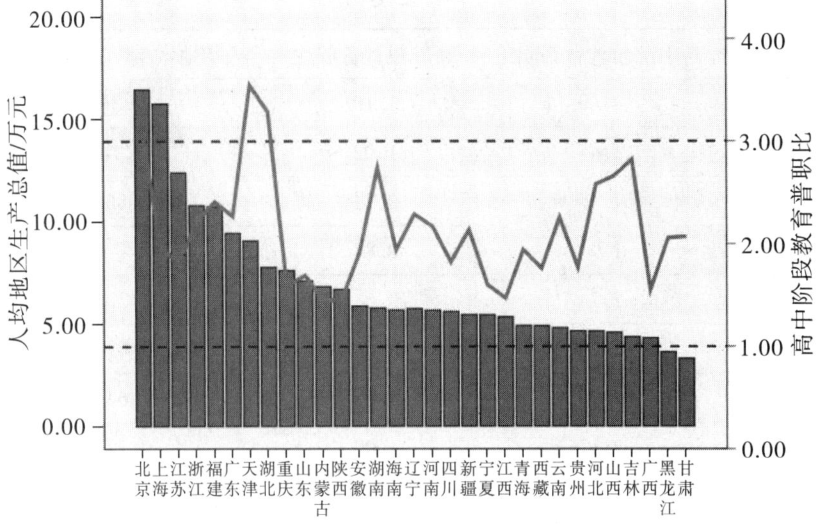

图 5－14　各地区人均地区生产总值与高中阶段教育“普职比”（2019 年）

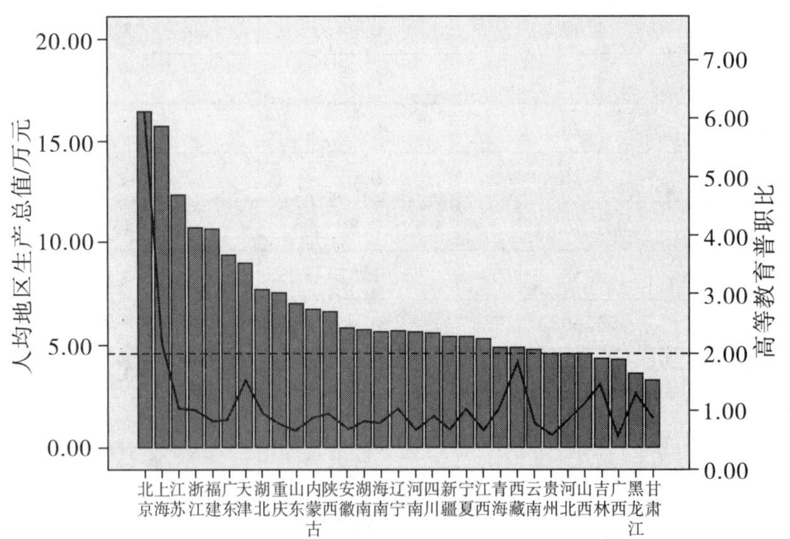

图 5－15　各地区人均地区生产总值与高等教育“普职比”（2019 年）

5.3.2 人均地区生产总值与“中高职比值”的关系

以上通过对人均地区生产总值与教育“普职比”的关系分析中知道，两者之间没有明显的相关性。下面继续考察人均地区生产总值与“中高职比值”的关系。表5－14显示的是2013年全国各地区中高职比值与人均地区生产总值的关系，表5－15显示的是2019年全国各地区中高职比值与人均地区生产总值的关系。笔者将“中高职比值”大于1的地区归为一类，这一类区域中高等职业教育的在校生数已经大于等于中等职业教育的在校生数了，职业教育层次结构可以形象地称为“纺锤形”结构；而对于中高职比值处于小于1且大于0.8的省份，这些省份的中等职业教育的在校生数大于高等职业教育的在校生数，但是这两者数值比较接近，可以称为“不典型金字塔形”结构；对于中高职比值小于0.8的省份，它们的职业教育层次结构属于“典型金字塔形”结构。

将表5－14、表5－15中的内容进一步深化，把三类区域中的人均地区生产总值的平均值进行比较，看看处于“纺锤形”“不典型金字塔形”“典型金字塔形”区域的人均地区生产总值有何特征。

表5－14是我国2013年各区域中高职比值与人均地区生产总值的关系，纺锤形的区域的平均人均地区生产总值是7.08万元，不典型金字塔形区域的平均人均地区生产总值是4.81万元，典型金字塔形的区域平均人均地区生产总值是3.61万元。可见，从典型的金字塔形往纺锤形演变的过程，也是人均地区生产总值逐步提高的过程，也就是说中高职比值与人均地区生产总值呈现同向变动的关系。虽然我们暂时还不能推断人均地区生产总值的提高与职业教育层次结构的演变孰因孰果，但是至少可以断定：职业教育层次结构从金字塔形到纺锤形的演变过程，与人均地区生产总值的提高过程是一致的。

表5－15是我国2019年各区域中高职比值与人均地区生产总值的关系。对比2013年与2019年相关数据的变化，发现2019年处于“纺锤形”的省份增加了，从2013年的6个，增加到2019年的17个；处于“典型金字塔形”的省份从2013年的14个，快速减少到2019年的8个。这个变化呈现出我国各区域间职业教育的层次结构演变过程，是从“典型金

字塔形”向“纺锤形”演变，换言之就是我国职业教育层次结构提升了。

表 5-14　各地区中高职比值与人均地区生产总值的关系（2013 年）

序号	地区	中高职比值	人均地区生产总值/万元	平均人均地区生产总值/万元	分类
1	天津	1.88	9.96	7.08	纺锤形
2	湖北	1.48	4.26		
3	上海	1.28	9.01		
4	北京	1.15	9.32		
5	辽宁	1.09	6.17		
6	黑龙江	1.00	3.75		
7	江苏	0.99	7.46	4.81	不典型金字塔形
8	吉林	0.97	4.72		
9	陕西	0.96	4.27		
10	西藏	0.91	2.61		
11	浙江	0.88	6.85		
12	江西	0.87	3.18		
13	重庆	0.87	4.28		
14	山东	0.84	5.63		
15	内蒙古	0.83	6.75		
16	湖南	0.81	3.68		
17	山西	0.80	3.48		
18	河北	0.74	3.87	3.61	典型金字塔形
19	新疆	0.72	3.72		
20	广东	0.70	5.85		

续上表

序号	地区	中高职比值	人均地区生产总值/万元	平均人均地区生产总值/万元	分类
21	甘肃	0.65	2.43	3.61	典型金字塔形
22	河南	0.62	3.42		
23	福建	0.59	5.79		
24	四川	0.59	3.25		
25	安徽	0.58	3.17		
26	海南	0.57	3.53		
27	宁夏	0.57	3.94		
28	广西	0.52	3.06		
29	贵州	0.51	2.29		
30	云南	0.51	2.51		
31	青海	0.30	3.65		

表 5－15　各地区中高职比值与人均地区生产总值（2019 年）

序号	地区	人均地区生产总值/万元	中高职比值	平均人均地区生产总值/万元	分类
1	天津	9.04	2.22	8.09	纺锤形
2	吉林	4.35	1.75		
3	陕西	6.66	1.66		
4	湖北	7.74	1.55		
5	北京	16.42	1.50		
6	山东	7.07	1.48		
7	江西	5.32	1.47		
8	黑龙江	3.62	1.41		

续上表

序号	地区	人均地区生产总值/万元	中高职比值	平均人均地区生产总值/万元	分类
9	上海	15.73	1.35	8.09	纺锤形
10	辽宁	5.72	1.30		
11	内蒙古	6.79	1.23		
12	甘肃	3.30	1.22		
13	江苏	12.36	1.18		
14	重庆	7.58	1.15		
15	广东	9.42	1.04		
16	福建	10.71	1.02		
17	河南	5.64	1.01		
18	湖南	5.75	0.98	5.71	不典型金字塔形
19	山西	4.57	0.96		
20	四川	5.58	0.90		
21	贵州	4.64	0.90		
22	新疆	5.43	0.85		
23	河北	4.63	0.84		
24	广西	4.30	0.81		
25	浙江	10.76	0.81		
26	云南	4.79	0.77	5.25	典型金字塔形
27	海南	5.65	0.76		
28	安徽	5.85	0.75		
29	宁夏	5.42	0.68		
30	西藏	4.89	0.42		
31	青海	4.90	0.38		

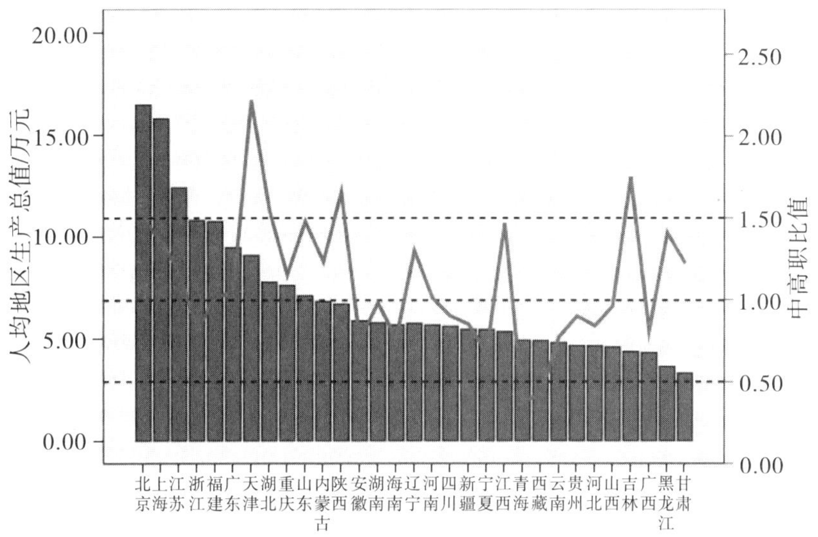

图 5-16　各地区人均地区生产总值与中高职比值（2019 年）

综上所述，我国各地区的人均地区生产总值与当地教育的“普职比”没有明显的相关性；但是我国各地区的人均地区生产总值与职业教育的中高职比值呈现同向变动的关系，也即职业教育层次结构从金字塔形到纺锤形的演变过程，与人均地区生产总值的提高过程是一致的。下一节主要分析这个问题。

5.3.3　区域职业教育政策的视角

我国教育体系中两次主要的教育分流是形成职业教育层次结构的主要因素，一是中等职业教育与普通高中的分流问题，二是高等职业教育与普通高等教育的分流问题。我们接下来梳理我国两次普职教育分流的政策。

1985 年，《中共中央关于教育体制改革的决定》第一次提出了明确的要求“使大多数地区的各类高中阶段的职业技术学校招生数相当于普通高中的招生数”，之后在 1991 年的《关于大力发展职业技术教育的决定》中，明确提出“职业教育要继续扩大招生规模，使全国中职的在校生人数超过普通高中的在校生人数”。从 1985 年到 1996 年，我国职业教育经历了一个上升发展期，高中阶段教育普职比首次小于1。这个阶段职业教育规模良好发展的根本原因是符合市场的需求。

自1997年起，由于高校扩招等因素，中等职业教育占高中阶段招生的比例不断下降，招生数出现负增长，此时国家对中等职业教育的政策也出现了不同的声音。直到2002年的《国务院关于大力推进职业教育改革与发展的决定》，以及2005年的《国务院关于大力发展职业教育的决定》出台后，中等职业教育招生数量才开始回升。2010年发布的《国家中长期教育改革和发展规划纲要（2010—2020年）》明确要求我国今后一段时期高中阶段的“普职比”大体相当的，我国也在2010年实现了高等教育中高等职业教育与普通本科招生量大体相当，高中阶段教育的普通高中教育与中等职业教育在校生大体相当，这就是“大体相当”的由来。

从1998年我国开始实施高等教育大扩招政策，对高中教育阶段的影响是深远的，从此普通高中的在校生数占高中阶段教育总人数的比例大幅度增加，同时中等职业教育的在校生数所占比例则不断萎缩，至2004年中等职业教育在校生占高中阶段教育的比例达到阶段性最低值38.60%，“普职比”达到了1.58。自从2002年8月24日国务院颁布《关于大力推进职业教育改革与发展的决定》，明确职业教育与普通高中招生规模大体相当的要求后，中等职业教育的招生人数才扭转了一路下滑的趋势，而且直到2006年才在在校生“普职比”上显示出来，中职比例开始回升。这一回升的趋势持续到2010年，我国高中阶段教育的“普职比”达到“大体相当”的1.12。从2011年开始，普通高中的比例又开始缓慢回升。

在2010年我国普职教育达到“大体相当”之后，我国在职业教育顶层设计中对于普职教育分流仍然在政策层面保证“大体相当”的局面。但是在全国范围内出现的中等职业教育招生难越演越烈，乱象频出，于是教育部对于中等职业教育招生过程中的乱象予以重典惩治，进行问责。例如在2014年《关于进一步完善招生工作机制规范中等职业学校招生秩序的通知》（教职成厅〔2014〕4号）中要求：“地方教育行政部门要把规范招生秩序作为行风建设的一项重要内容，主要领导要亲自抓，对招生中出现的操控生源、收受回扣等行为，依法查处，决不姑息。全国各个省份纷纷将高中阶段教育的“普职比”保持大体相当作为政府专项督导项目进行刚性执行与问责。虽然各级教育主管部门面临强力问责的压力，但是目前中等职业教育招生仍然困难重重。

这样的强力问责制下保持的“大体相当”是全国一刀切的政策，并没有考虑到各个区域的实际情况，因此，在这样的全国统一的分流政策之下，我国各个区域的人均地区生产总值与当地教育的“普职比”没有明显的相关性。但是各个区域高等教育毛入学率是不同的，也就是说各个区域高等教育的相对规模是不同的，于是各个区域的中高职比值是不同的。由于区域高等教育毛入学率与经济发展程度是正相关的，因此经济发达区域的中高职比值高就顺理成章了。

5.4 区域职业教育层次结构的主要特征

区域职业教育层次结构与区域经济发展程度有何关系？是否不同的经济发展阶段的职业教育层次结构会有不同的特征？另外，在区域职业教育层次结构形成过程中，政府调节与市场调节是如何发挥作用的？发挥作用的机制是什么？调节的机制是否通畅？

通过上述的分析，区域职业教育层次结构的特征主要体现在以下几方面：

（1）我国整体职业教育层次结构是典型的金字塔形状，但是各个区域职业教育层次结构正经历着从金字塔形到纺锤形的演变过程，这个演变过程与人均地区生产总值的提高过程是一致的。全国 2013 年共有 6 个区域处于“纺锤形”区间，分别是天津、湖北、上海、北京、辽宁、黑龙江；11 个区域的金字塔形的特征已经不明显了，分别是江苏、陕西、吉林、浙江、西藏、江西、山东、重庆、内蒙古、湖南、山西；14 个区域属于是典型的金字塔形，分别是河北、广东、新疆、甘肃、福建、河南、安徽、四川、海南、宁夏、广西、贵州、云南、青海。这 3 类区域大致有个特点，即处于纺锤形区间的都是经济比较发达的区域，处于典型金字塔区间的基本是经济欠发达区域。对比 2013 年与 2019 年相关数据的变化，发现2019年处于“纺锤形”区间的省份增加了，从2013年的6个增加到2019年的17个；处于“典型金字塔形”区间的省份从2013年的14个。快速减少到2019年的8个，这个变化呈现出我国各区域间职业教育的层次结构演变过程，是从“典型金字塔形”向“纺锤形”演变，实质是我国职业教育层次结构提升的过程。

（2）我国各区域高中阶段教育的“普职比”与人均地区生产总值没有明显的相关性。主要原因是我国高中阶段教育分流政策过于刚性，对各个经济发展程度差异很大的省份高中阶段教育的政策没有弹性空间，在全国统一的“大体相当”要求下，各个省份的高中阶段的教育“普职比”都逐渐靠近1，因此造成了我国各个区域的人均地区生产总值与当地教育的“普职比”没有明显的相关性的不合理局面。

第 6 章　区域职业教育专业结构研究

职业教育层次结构研究的核心是各个层次职业教育专业结构与社会经济的需求度之间的吻合度。本章首先分析广东中等职业教育与高等职业教育专业结构，在此基础上从职业教育专业结构与区域产业结构协调的视角、人力规划与市场需求的视角分析区域职业教育专业结构的特征。

6.1　我国职业教育专业结构的变化

6.1.1　我国职业教育专业目录的变化过程

职业教育专业结构的根本依据是职业教育的专业目录，专业目录是国家、地方政府、职业院校规划专业布局、设置与调整专业布局的主要依据，也是社会与用人单位选择毕业生的依据。因此，首先对我国职业教育的专业目录进行分析。我国职业教育的专业目录在 1963 年制定之后进行了数次修订，在这个过程中逐渐孕育出中等职业教育与高等职业教育两个体系的专业目录。

（1）1963 年版《中等专业学校专业目录》。中华人民共和国成立后，百废待兴，各行各业迫切需要中等技术人才，职业教育得到了快速的发展。1950—1965 年，中等技术学校从 500 所增加到 871 所。为了规范化管理，1963 年，教育部发布了全国统一的第一个《中等专业学校专业目录》，主要参照苏联模式设置专业，以计划经济下的部门分工和职业岗位为专业划分依据。该目录按照学科进行专业分类，共设置 8 科，包括 348 个专业，其中工科专业 242 个、农科 25 个、林科 11 个、医科 12 个、师范 2 个、财经 35 个、体育 1 个、艺术 20 个，专业的划分采取了宽窄并存

的原则[111]。这是我国职业教育的第一个专业目录。

（2）1993 年版《普通中等专业学校专业目录》。自 1963 年版本的《中等专业学校专业目录》颁布后，经过了 30 多年的发展，尤其是改革开放后，我国经济、科技飞速发展，新职业、新岗位出现大量新需求。同时中等专业教育发生了很大变化，规模上从由 1963 年的 865 所发展到 1992 年的 2 977 所，专业设置种类由 1963 年的 300 多种到 1985 年已有 600 多种，制订新的专业目录成为迫切之需。在此背景下，原国家教委于 1993 年修订发布《普通中等专业学校专业目录》（含专业目录、专业简介、新旧专业名称对照表），设置 9 科 49 类 518 个专业，涉及工、农、林、医药卫生、财经、管理、政法、艺术和体育等科，此次目录修订的重要原则是适应专业人才培养需求，宽窄并存，以宽为主[112]。

（3）2000 年版《中等职业学校专业目录》。这是我国第一个适用于高中阶段各类职业学校的专业目录，第一次突出类型特点，打破按学科设置专业的惯例。2000 年，教育部发布了《中等职业学校专业目录》及专业简介，共设 13 个专业大类、270 个专业、470 个专门化方向，包括农林、资源与环境、能源、土木水利工程、加工制造、交通运输、信息技术、医药卫生、商贸旅游、财经、文化艺术与体育、社会公共事务和其他大类。此版专业目录以国民经济行业分类和职业分类为依据，按照专业范围以宽为主、宽窄结合，现实性与前瞻性结合等原则，强调了与职业岗位对接，进一步突出了职业性，专业覆盖了当时全国职业分类大典中的千余个职业岗位，有力地指导了各类中职学校的专业设置和人才培养[113]。

（4）2004 年版《普通高等学校高职高专教育指导性专业目录（试行）》。这是首个高职高专指导性专业目录，按照以职业岗位群或行业为主、兼顾学科分类的原则进行划分，鲜明体现特色，引导高职教育主动服务经济社会。“十五”期间，我国高等职业教育飞速发展，规模不断扩大，为规范高职院校专业设置，扩大高等学校办学自主权，形成高职高专教育专业管理的科学运行机制。2004 年，教育部发布《普通高等学校高职高专教育指导性专业目录（试行）》，共设 19 个专业大类、78 个专业类、532 种专业（后陆续增至 1 170 个）。这是我国高职高专学校首个指导性专业目录[114,115]。

（5）2010 年版《中等职业学校专业目录》。随着我国经济社会的发展、产业结构调整，对职业教育人才需求的方向、规格、质量等发生了很大变化，工程技术的进步为我国产业发展带来了新技术、新工艺、新材料、新方法，诞生了一批新职业、新岗位。同时，随着职业教育招生规模的迅速扩大，中职学校生源发生了很大变化。这些都对中等职业教育专业设置提出了新要求。为了推动中等职业教育改革创新，更好地支撑产业建设，促进专业设置与职业岗位需求相吻合，教育部于 2010 年发布新修订的《中等职业学校专业目录》及专业简介，包括 19 个专业大类、321 个专业、927 个专业（技能）方向。此次修订坚持以服务为宗旨，以就业为导向的原则，依据新的国民经济行业门类、兼顾学科分类进行专业类划分，在专业目录结构体系上做了重大调整，进一步构建了与产业结构、职业岗位对接的专业体系[116,117]。

（6）2015 年版《普通高等学校高等职业教育（专科）专业目录》。该版本更加主动服务国家战略，服务产业链的中高端人才培养，建立高职专业目录与本科、中职专业目录的衔接体系，打通技术技能人才成长通道。至 2015 年，2004 年高职高专专业目录在我国高职高专教育中已使用了 11 年。这期间，我国经济社会快速发展，高职发展实现了历史性跨越。为适应国家经济社会发展新需要，满足产业发展以及新职业（群）涌现的新变化，实现现代职业教育体系构建对人才培养结构和专业衔接体系改革的新要求，2015 年教育部发布新修订的《普通高等学校高等职业教育（专科）专业目录》和管理办法，设 19 个专业大类、748 个专业，明确了专业与专业方向、对应职业类别、衔接专业的关系。专业划分上保持了专业大类、专业类、专业三级框架结构[117,115]。

6.1.2 职业教育专业与产业的分析框架

1. 职业教育结构与区域产业结构的视角

按照《国民经济行业分类》（GB/T 4754—2011），对我国三次产业分类的定义，对三次产业与职业教育专业进行对应。三次产业与职业教

育的专业不能简单地一一对应，原因有两个：一是职业教育毕业生所从事的专业也许与他所学的专业不一致，二是职业教育的专业所培养的学生在就业时并不能限于某一个产业。例如，农学专业的毕业生也许就业在流通领域，从事农产品的流通服务业的工作等，但是进行粗略的对应分析仍然是具有参考价值的。

表6－1是笔者按照《国民经济行业分类》（GB/T 4754—2011）对2000年版《中等职业学校专业目录》中各专业大类与三次产业的对应划分，表6－2是笔者依据与中等职业教育相同的原则对2015年版《普通高等学校高等职业教育（专科）专业目录》中各专业大类与三次产业结构的对应划分。

表6－1　中等职业教育各专业大类与产业对应表

序号	专业大类	产业对应	序号	专业大类	产业对应
1	农、林、牧、渔类	一次产业	11	休闲保健类	三次产业
2	资源环境类	二次产业	12	财经商贸类	
3	能源与新能源类		13	旅游服务类	
4	土木水利类		14	文化艺术类	
5	加工制造类		15	体育与健身类	
6	石油化工类		16	教育类	
7	轻纺食品类	三次产业	17	司法服务类	
8	交通运输类		18	公共管理与服务类	
9	信息技术类		19	其他	
10	医药卫生类				

表6-2　高等职业教育各专业大类与产业结构对应表

序号	专业大类	产业对应	序号	专业大类	产业对应
1	农、林、牧、渔大类	一次产业	11	轻纺食品大类	三次产业
2	交通运输大类	二次产业	12	财经大类	
3	生化与药品大类		13	医药卫生大类	
4	资源开发与测绘大类		14	旅游大类	
5	材料与能源大类		15	公共事业大类	
6	土建大类		16	文化教育大类	
7	水利大类		17	艺术设计传媒大类	
8	制造大类		18	公安大类	
9	电子信息大类	三次产业	19	法律大类	
10	环保、气象与安全大类				

2. 职业教育专业供需均衡的视角

按照本书第3章中给出的职业教育供需模型分析，在完全竞争市场下，社会的生产资源可以实现最有效的配置。职业教育提供的技能是劳动力的附加值，劳动力是生产要素的一部分，也符合这个理论。在劳动力技能市场中，如果供给等于需求，即实现了劳动力技能市场的均衡；而如果劳动力技能的供给大于需求或小于需求，都会造成市场的非均衡状态，只要出现非均衡的状态，“职业教育供需变量 P”就会起到调节的作用，促使向均衡状态恢复。但是由于劳动力技能的供给与需求时常处于变化过程中，因此，非均衡是常态的，但是长期趋势是走向均衡的。

从职业教育专业供需均衡的视角进行分析，区域职业教育专业结构与产业结构之间有以下的特点：

第一，从劳动力技能供求的特殊性分析，供求失衡是常态。市场对技能需求的程度可以在技能型劳动力的工资水平上体现出来，但是技能型劳动力需要培养周期。因此，技能供求之间均衡的实现是有时差的，劳动力技能供求的特殊性决定了这个动态均衡过程的周期性，同时，失业和岗位空缺的并存便成为技能市场的常态。

第二，我国的职业教育供给驱动模式处于从供给模式驱动向需求驱动模式转换的过程中。按照职业教育供给驱动与需求驱动的模式分析，我国现阶段职业教育的提供模式主要是供给驱动模式。观照我国目前职业教育领域大规模推进的产教融合、工学结合等教学改革举措，笔者认为这恰好是我国职业教育提供模式从供给驱动向需求驱动转换的标志。

按照职业教育供给的动力机制区分，可以分为供给驱动与需求驱动，供给驱动的主要特征是对人力资源的供给进行有计划的规划，需求驱动的主要特征是根据市场的需求提供人力资源的供给。随着工业化阶段的发展，职业教育也正在经历着从供给驱动到需求驱动的转变，具体过程有三个阶段。第一个阶段是学徒制。在产业发展的最初阶段，市场对技能劳动力的需求较少，企业对技能劳动力的需求通过作坊式的学徒培训来提供，学徒培训往往是企业的自主行为，政府在这个阶段并没有发挥主要作用。第二个阶段是职业教育的供给驱动阶段。在“二战”以后，世界各国的工业化进程加快，产业发展迅速，对技术工人的需求大增，学徒培训不能满足需求，进入工业化阶段的国家开始建立规范的职业教育体系，发展以学校形态为主的职业教育，各国都采取了以人力规划为基础的职业教育供给驱动模式。供给驱动的主要特征是由政府对社会经济发展开展有关人才需求的预测，人力发展规划是根据预测的结果制订的，之后职业教育机构按人力规划培养人才。在这种模式中，职业教育是主动供给型的。而在市场经济条件下，政府往往通过经费支持等方式发挥指导作用。第三个阶段是需求驱动阶段。在供给驱动模式时期，主要问题是刚性的规划和管理与动态的市场需求之间存在错位，原因一是无论在市场经济还是计划经济条件下，经济增长都具有不确定性，因此准确预测人力资本的需求是不可行的；二是在供给模式下职业教育机构对学生的就业能力缺乏关注，对于职业教育的供给质量关注不足。

6.2 我国高等职业教育专业结构的主要特征

6.2.1 我国高等职业教育各专业大类在校生占比分析

根据教育部2004年版《普通高等学校高职高专教育指导性专业目录》与2015年版《普通高等学校高等职业教育（专科）专业目录》确定的19个专业类别，以下分析我国高等职业教育各专业大类的在校生占比情况。附录表2是全国普通专科各专业大类在校生数（2011—2015年），附录表3是全国普通专科各专业大类在校生数（2017—2019年）。数据之所以在两个表格中呈现，主要的原因是2015年我国修订了高职专业目录，颁布了2015年版《普通高等学校高等职业教育（专科）专业目录》，从2016年开始，是用新版本的统计口径，与老版本在专业大类上略有不同，国家统计局不再提供2016年之后的相关数据，因此本研究用中国社会统计年鉴中的数据予以弥补，分开呈现。

表6-3是2019年我国高等职业教育各专业大类在校生数与占比的情况，表6-4是2011年我国高等职业教育各专业大类在校生数与占比的情况。2011年与2019年我国高等职业教育的专业大类略有不同，但是仍然是可以比较的，因为基本的类别还是相同的。

在统计指标的选取上，采用“全国普通专科各专业大类在校生数”代替“我国高等职业教育各专业大类在校生数”在2019年之前具有合理性，因为在职教本科举办之前，我国的高等职业教育主要指普通专科。

表6-3 高等职业教育各专业大类在校生数与占比（2019年）

专业大类	在校生数/万人	在校生占比/%
农林牧渔大类	23.82	1.86
资源环境与安全大类	16.72	1.31
能源动力与材料大类	12.87	1.00
土木建筑大类	96.47	7.53
水利大类	4.79	0.37
装备制造大类	141.88	11.08

续上表

专业大类	在校生数/万人	在校生占比/%
生物与化工大类	9.88	0.77
轻工纺织大类	6.42	0.50
食品药品与粮食大类	20.32	1.59
交通运输大类	82.69	6.46
电子信息大类	172.38	13.46
医药卫生大类	167.58	13.09
财经商贸大类	233.77	18.25
旅游大类	40.72	3.18
文化艺术大类	61.68	4.82
新闻传播大类	10.77	0.84
教育与体育大类	146.62	11.45
公安与司法大类	14.18	1.11
公共管理与服务大类	17.15	1.34
总计	1 280.71	100.01

数据来源:《中国社会统计年鉴—2020》。

表 6-4　高等职业教育各专业大类在校生数与占比（2011 年）

专业大类	在校生数/万人	在校生占比/%
农林牧渔大类	17.24	1.80
交通运输大类	40.14	4.19
生化与药品大类	23.76	2.48
资源开发与测绘大类	14.00	1.46
材料与能源大类	13.72	1.43
土建大类	95.01	9.91

续上表

专业大类	在校生数/万人	在校生占比/%
水利大类	3.74	0.39
制造大类	127.96	13.34
电子信息大类	100.60	10.49
环保、气象与安全大类	4.54	0.47
轻纺食品大类	17.82	1.86
财经大类	203.21	21.19
医药卫生大类	86.39	9.01
旅游大类	32.32	3.37
公共事业大类	9.79	1.02
文化教育大类	105.92	11.05
艺术设计传媒大类	46.35	4.83
公安大类	3.65	0.38
法律大类	12.68	1.32
总计	958.84	99.99

数据来源：国家统计局。

6.2.2 我国高等职业教育专业结构特征分析

主要特征之一：财经商贸大类的在校生总量大。2019 年时占在校生总数的 18.25%，2011 年的财经大类在校生占全部在校生的 21.19%。虽然从 2011 年至 2019 年财经大类的在校生占比在逐步下降，但仍然是所有专业大类中占比最大的。

主要特征之二：装备制造大类的在校生逐步减少。2019 年与 2011 年相比，该专业大类的在校生占比下降了，从 13.34% 降到 11.08%，装备制造类专业大类是服务于第二产业的主要专业大类，也就是说我们国家培养的高职类学生服务于第二产业的占比在降低，这是非常值得注意的

信号。

主要特征之三：电子信息大类与医药卫生大类的在校生占比在增加，2019 年时分别占比 13.46% 与 13.09%。两大类的在校生与 2011 年相比都有较大的增加。

6.3 我国中等职业教育专业结构的主要特征

6.3.1 我国中等职业教育各专业大类在校生占比分析

根据教育部 2010 年版《中等职业学校专业目录》确定的 19 个专业大类，以下分析我国中等职业教育各专业大类的在校生占比情况。表 6－5 是 2011 年与 2019 年我国中等职业教育各专业大类在校生人数及在总在校生中的占比情况。数据的来源情况如下：2011 年数据来自国家统计局网站；由于国家统计局网站在 2015 年之后就不再继续更新数据，因此 2019 年数据来自《中国社会统计年鉴—2020》。

表 6－5 我国中等职业教育各专业大类在校生占比情况（2011 年、2019 年）

专业类别	2019 年在校生数/万人	占比/%	2011 年在校生数/万人	占比/%
农林牧渔类	67.69	5.57	225.96	12.73
资源环境类	3.19	0.26	10.81	0.61
能源与新能源类	2.79	0.23	9.09	0.51
土木水利类	39.22	3.22	58.93	3.32
加工制造类	138.36	11.38	299.00	16.85
石油化工类	4.13	0.34	12.84	0.72
轻纺食品类	8.21	0.68	21.14	1.19
交通运输类	137.38	11.30	101.11	5.70
信息技术类	222.61	18.30	342.10	19.27
医药卫生类	115.53	9.50	165.07	9.30
休闲保健类	10.24	0.84	8.97	0.51

续上表

专业类别	2019 年在校生数/万人	占比/%	2011 年在校生数/万人	占比/%
财经商贸类	142.09	11.68	186.82	10.53
旅游服务类	77.45	6.37	73.14	4.12
文化艺术类	79.75	6.56	84.15	4.74
体育与健身类	14.94	1.23	12.40	0.70
教育类	125.03	10.28	111.73	6.29
司法服务类	5.06	0.42	7.90	0.45
公共管理与服务类	14.72	1.21	22.44	1.26
其他	7.78	0.64	21.29	1.20
合计	1 261.17	100.02	1 774.91	100.00

数据来源：2011 年数据来自国家统计局；2019 年数据来自《中国社会统计年鉴—2020》

6.3.2 我国中等职业教育专业结构特征分析

主要特征之一：加工制造类的在校生在逐步减少。2019 年与 2011 年相比，该专业大类的在校生占比从 16.85% 降到 11.38%，加工制造类是服务于第二产业的主要专业大类，也就是说我们国家培养的中职学生服务于第二产业的占比在降低，这个特征与高职的相同，这是非常值得注意的信号。

主要特征之二：农林牧渔类的在校生在逐步减少。2019 年与 2011 年相比，该专业大类的在校生占比从 12.73% 降到 5.57%，是大幅度的降低。

主要特征之三：服务于第三产业的专业大类的在校生大幅增加。例如旅游服务类从 2011 年的 4.12% 上升到 2019 年的 6.37%，文化艺术类从 4.74% 上升到 6.46%，交通运输类从 5.70% 上升到 11.30%。

6.4　区域职业教育专业结构的案例研究——以广东省为例

6.4.1　广东省中等职业教育各专业大类在校生占比分析

根据教育部的《中等职业学校专业目录（2010 年修订）》与 2015 年版《普通高等学校高等职业教育（专科）专业目录》确定的 19 个专业类别，以下分析广东省各专业大类的毕业生占比情况。

表 6－6 是 2018 年与 2013 年广东省中等职业教育各专业大类毕业生占比情况。与 2013 年相比，2018 年有以下的变化：首先是加工制造类的在校生占比大幅度地下降，从 2013 年的 14.75% 降到 9.11%；其次是农林牧渔类占比显著下降，从 2013 年的 5.62% 降到 2018 年的 1.53%；最后是财经商贸类与信息技术类仍然保持较高的占比，2013 年的数据与 2018 年没有明显的差距。以上数据显示，广东省的数据与全国的数据呈现出相同的特征。

从 2013 年广东省中等职业教育各专业大类毕业生占比情况，可见各个专业大类之间毕业生人数差异很大，其中财经商贸类的毕业生最多，占到毕业生总数的 21.82%，其次是信息技术类，占到 17.25%，而能源与新能源类只有 0.09%，石油化工类也较少，只有 0.22%。如果只是看到各个大类之间毕业生数量的差异，并不能据此判断哪个大类的毕业生过剩了，哪个大类的毕业生不足，同时与全国的数据相比较，才能发现一些问题。

表 6－6　广东省中等职业教育各专业大类毕业生占比情况（2013 年、2018 年）

专业类别	2018 年占比/%	2013 年占比/%
农林牧渔类	1.53	5.62
资源环境类	0.19	0.24
能源与新能源类	0.01	0.09
土木水利类	2.00	1.86
加工制造类	9.11	14.75
石油化工类	0.16	0.22
轻纺食品类	0.71	1.13

续上表

专业类别	2018 年占比/%	2013 年占比/%
交通运输类	10. 32	6. 33
信息技术类	17. 97	17. 25
医药卫生类	10. 83	9. 82
休闲保健类	0. 67	0. 32
财经商贸类	22. 21	21. 82
旅游服务类	5. 33	3. 79
文化艺术类	6. 38	3. 80
体育与健身类	0. 65	0. 28
教育类	9. 04	7. 39
司法服务类	0. 02	0. 29
公共管理与服务类	1. 06	2. 73
其他	0. 95	2. 27

注：数据来自《2013 年广东省中等职业学校毕业生就业分析报告》《2018 年广东省中等职业教育质量年度报告》。

6. 4. 2 广东省中等职业教育各专业大类在校生占比与全国数据的比较

2018 年广东省中等职业教育各专业大类毕业生占比与全国 2019 年的数据的比较（见表 6－7）显示，广东中等职业教育各个专业大类在校生与全国平均数据相比有以下明显的特点。

首先，服务于第一产业的农林牧渔类专业在校生与全国的平均数相比明显偏低，农林牧渔类专业在校生全国平均数据为 5. 57%，广东只有 1. 53%；其次，服务于第二产业的专业大类的在校生数量广东也明显低于全国的平均水平，如加工制造类专业在校生全国平均数据为 11. 38%，广东只有 9. 11%；最后，主要服务于第三产业的财经商贸类、信息技术类等专业大类的在校生数量广东明显高于全国的平均水平，如财经商贸类专业在校生全国平均数据为11.68%，广东则达到22.21%。

表6－7　广东省2018年中等职业教育各专业大类在校生占比与全国2019年数据的比较

专业类别	广东占比/%	全国占比/%
农林牧渔类	1.53	5.57
资源环境类	0.19	0.26
能源与新能源类	0.01	0.23
土木水利类	2.00	3.22
加工制造类	9.11	11.38
石油化工类	0.16	0.34
轻纺食品类	0.71	0.68
交通运输类	10.32	11.30
信息技术类	17.97	18.30
医药卫生类	10.83	9.50
休闲保健类	0.67	0.84
财经商贸类	22.21	11.68
旅游服务类	5.33	6.37
文化艺术类	6.38	6.56
体育与健身类	0.65	1.23
教育类	9.04	10.28
司法服务类	0.02	0.42
公共管理与服务类	1.06	1.21
其他	0.95	0.64

数据来源：《2018年广东省中等职业教育质量年度报告》《中国社会统计年鉴—2020》。

接下来需要进一步分析广东省中等职业教育各专业大类在校生占比与其他省份的异同。由于数据获取方面的原因，本研究需从一个年份的横截面数据来讨论，于是选取了 2012 年广东省中等职业教育各专业大类毕业生占比数据与其他省份数据比较分析。又由于需要进一步分析与广东的人均地区生产总值相近的省份的情况如何，而在目前我国人均地区生产总值相近的省份，其工业化程度也相近，因此，选择人均生产总值（人均 GDP）与广东在同一区间的 4 个省份，分别是辽宁、江苏、浙江、山东与广东进行比较。表 6－8 是广东省中等职业教育各专业大类在校生占比与全国及江苏的比较。5 省份的加工制造类专业在校生人数占总人数的比例在 2001—2012 年间的变化情况是：广东省的加工制造类专业在校生人数占总人数的比例在这 12 年间始终是最低的，且与其他 4 个省份的差距有进一步加大的趋势。经过 12 年的发展，尽管中间有起伏，但是其余 4 省份加工制造类专业在校生的比例都有较大的增加，其中江苏从 20.84% 至 22.15%，山东从 12.43% 至 25.14%，辽宁从 14.63% 至 17.48%，浙江从 11.34% 至 17.91%，只有广东从 8.94% 至 9.56%，比例几乎没有变化。广东是我国的制造大省，制造业是广东的支柱产业，但是中等职业教育中制造类专业在校生比例却是最低的，这个状况是令人费解的，这是广东中等职业教育结构不合理的地方。

表 6－8　广东省中等职业教育各专业大类在校生占比与全国及江苏的比较（2012 年）

专业类别	全国占比/%	江苏占比/%	广东占比/%
农林牧渔类	12.95	10.30	6.67
资源环境类	0.64	0.31	0.13
能源与新能源类	0.48	0.09	0.08
土木水利类	3.62	5.40	1.92
加工制造类	15.73	22.15	9.56
石油化工类	0.70	0.85	0.33
轻纺食品类	1.11	0.91	0.99

续上表

专业类别	全国占比/%	江苏占比/%	广东占比/%
交通运输类	6.41	5.61	5.01
信息技术类	17.62	16.45	21.79
医药卫生类	9.11	5.06	8.21
休闲保健类	0.50	0.36	0.40
财经商贸类	10.89	13.83	22.93
旅游服务类	4.32	4.71	3.60
文化艺术类	4.70	5.19	5.01
体育与健身类	0.76	0.50	0.35
教育类	7.81	5.45	8.23
司法服务类	0.42	0.34	0.44
公共管理与服务类	1.17	0.39	2.66
其他	1.06	2.11	1.68
合计	100	100.01	99.99

注：原始数据来自教育部教育管理信息中心。

广东、辽宁、江苏、浙江、山东的信息技术类专业在校生人数占总人数的比例在2001—2012年间的变化情况是：广东中等职业教育中信息技术类专业在校生的人数在5省份中最多，2012年广东该专业类在校生占在校生总数的比例达到21.58%，这个状况与广东信息产业发达相吻合。

最后是广东省中等职业教育各专业大类毕业生就业率的比较分析。从整体看，广东中等职业教育毕业生的就业率比较高。从专业分类看，就业情况最好的专业大类是石油化工类，就业率达到99.23%；其次是休闲保健类，就业率为99.02%；最后是加工制造类，就业率为98.94%；教育类、资源环境类、其他类、财经商贸类、文化艺术类的就业率处于平均水平以上；除了司法服务类，其他专业大类的就业率均在96%以上。

6.4.3 广东省高等职业教育各专业大类在校生占比与全国数据的比较

根据教育部《普通高等学校高职高专教育指导性专业目录》确定的19个专业类别，以下分析广东省高等职业教育各专业大类的在校生占比情况。

表6-9是2019年广东省高等职业教育各专业大类在校生占比与全国的比较。广东的财经大类的在校生总量最大，占在校生总数的23.77%；其次是电子信息大类，占总数的16.99%；而农林牧渔大类在校生只占0.79%。虽然各个大类之间的在校生占比比较悬殊，但是如果没有比较，就不能轻易推断这个比例是否合适。下面将广东与全国以及其他省份的数据进行比较。

第一是广东省高等职业教育各专业大类毕业生占比与全国数据的比较分析。表6-9为广东高等职业教育各个专业大类在校生规模与全国平均数据。广东的数据相比全国有以下明显的特点：首先，广东的服务与第一产业的农林牧渔类专业在校生数量和全国的平均数相比明显偏低，农林牧渔类专业在校生占总数的比例，全国平均数据为1.86%，广东只有0.79%。其次，服务于第二产业的专业大类，如加工制造类、土木水利类等的专业的在校生数量广东也明显低于全国的平均水平。制造大类专业在校生占总数的比例，全国平均数据为11.08%，广东只有9.62%。最后，主要服务于第三产业的财经商贸类、信息技术类等专业大类的在校生数量广东明显高于全国的平均水平。如财经大类专业在校生占总数的比例，全国平均数据为18.25%，广东则达到23.77%。

表6-9 广东省高等职业教育各专业大类在校生占比与全国的比较（2019年）

专业大类	广东占比/%	全国占比/%
农林牧渔大类	0.79	1.86
资源环境与安全大类	1.19	1.31
能源动力与材料大类	0.73	1.00

续上表

专业大类	广东占比/%	全国占比/%
土木建筑大类	6.91	7.53
水利大类	0.16	0.37
装备制造大类	9.62	11.08
生物与化工大类	0.92	0.77
轻工纺织大类	1.27	0.50
食品药品与粮食大类	1.90	1.59
交通运输大类	3.66	6.46
电子信息大类	16.96	13.46
医药卫生大类	5.49	13.09
财经商贸大类	23.77	18.25
旅游大类	3.71	3.18
文化艺术大类	6.53	4.82
新闻传播大类	0.94	0.84
教育与体育大类	12.27	11.45
公安与司法大类	0.88	1.11
公共管理与服务大类	2.30	1.34
总计	100	100.01

数据来源：《中国社会统计年鉴—2020》《广东省高等职业教育质量年度报告（2020年）》。

第二是广东省高等职业教育各专业大类毕业生占比与其他省份的比较分析。由于数据获取方面的原因，本研究选取了2012年的数据进行横切面的比较。表6-10是2012年广东省高等职业教育各专业大类在校生占比与全国及其他省份的比较的情况。广东财经大类的在校生总量最大，占在校生总数的28.29%；其次是文化教育大类，占总数的15.13%；而农林牧渔大类在校生只占0.59%。虽然各个大类之间的在校生占比比较悬殊，但是如果没有比较，就不能轻易推断这个比例是否合适其他省份的数据进行比较。本研究选择了经济发展程度与广东相近的3个省份，分别是江苏、浙江、山东，就高等职业教育专业大类中的制造大类、财经大类、电子信息大类的在校生比例与广东进行比较，结果显示制造专业大类的在校生江苏最高，占比为18.78%，广东最低只有10.02%，广东是制造业大省，但是广东的高等职业教育制造类专业在校生却比较低，是令人费解的。广东的财经大类占比最高，达到28.29%，江苏最低只有18.94%。

表6-10 广东省高等职业教育各专业大类在校生占比与全国及江苏的比较（2012年）

专业大类	全国占比/%	江苏占比/%	广东占比/%
农林牧渔大类	1.78	2.18	0.59
交通运输大类	4.57	4.83	3.66
生化与药品大类	2.38	3.19	1.95
资源开发与测绘大类	1.52	0.31	0.33
材料与能源大类	1.38	0.89	0.45
土建大类	10.99	10.10	8.34
水利大类	0.43	0.06	0.20
制造大类	13.25	18.78	10.02
电子信息大类	9.73	13.54	12.70
环保、气象与安全大类	0.46	0.73	0.95
轻纺食品大类	1.74	2.89	2.61
财经大类	21.30	18.94	28.29
医药卫生大类	9.61	4.89	4.01
旅游大类	3.36	3.23	2.66
公共事业大类	0.96	0.61	1.83
文化教育大类	10.29	8.29	15.13

续上表

专业大类	全国占比/%	江苏占比/%	广东占比/%
艺术设计传媒大类	4.73	5.94	5.02
公安大类	0.34	0.20	0.00
法律大类	1.18	0.40	1.25

注：原始数据来自教育部教育管理信息中心。

6.4.4 广东省中高职教育各专业大类在校生对应三次产业占比分析

表6-11是2012年广东省中等职业教育各专业大类在校生对应的产业占比与全国及江苏比较，表6-12是2012年广东省高等职业教育各专业大类在校生对应的产业占比与全国及江苏比较。从这两个表中可以明显看出，就第三产业增加值的占比而言，广东为46.47%，只是略高于全国的44.65%与江苏的43.50%，但是服务于第三产业的中等职业教育在校生占比是81.3%，服务于第三产业的高等职业教育在校生占比是74.75%，高于全国的65.88%与63.70%，也大幅度高于江苏的60.91%与59.66%。下面分析第二产业，广东的第二产业增加值在三次产业中占比是48.54%，略高于全国而略低于江苏，但是服务于第二产业的中等职业教育在校生只有12.02%，大幅度低于全国的21.17%，也大幅度低于江苏的28.80%。

表6-11 广东省中等职业教育各专业大类在校生对应的产业占比与全国及江苏比较（2012年）

区域	服务于第一产业的在校生占比/%	第一产业增加值占比/%	服务于第二产业的在校生占比/%	第二产业增加值占比/%	服务于第三产业的在校生占比/%	第三产业增加值占比/%
全国	12.95	10.08	21.17	45.27	65.88	44.65
江苏	10.30	6.32	28.80	50.17	60.91	43.50
广东	6.67	4.99	12.02	48.54	81.30	46.47

注：原始数据来自教育部教育管理信息中心。

表 6-12　广东省高等职业教育各专业大类在校生对应的产业占比与全国及江苏比较（2012 年）

区域	服务于第一产业的在校生占比/%	第一产业增加值占比/%	服务于第二产业的在校生占比/%	第二产业增加值占比/%	服务于第三产业的在校生占比/%	第三产业增加值占比/%
全国	1.78	10.08	34.52	45.27	63.70	44.65
江苏	2.18	6.32	38.16	50.17	59.66	43.50
广东	0.59	4.99	24.95	48.54	74.45	46.47

注：原始数据来自教育部教育管理信息中心。

6.4.5　广东省职业教育专业结构特征分析

广东省职业教育的专业结构呈现出以下显著的特征：

（1）专业结构对应于产业结构呈现出的特点如下：广东职业教育中服务于第一产业的专业大类的在校生比例偏低，服务于第二产业的专业大类的在校生比例偏低，服务于第三产业的专业大类在校生比例偏高。以上论断是基于两个角度的分析得出的：第一是比较的角度。不论是与全国平均水平的比较，还是与江苏等经济发展水平和广东相当的 4 个省份的比较，结果都支持以上结论；第二是从就业率的角度。近几年来，史上大学生最难就业年的感叹与技能型人才短缺的呼声一直并存。如果大而化之地分析，原因是期望在“白领”岗位就业的大学生过剩，而产业需求的“蓝领”岗位则缺少可以胜任的毕业生；再仔细分析技能型人才紧缺的详情，则可知道这主要是针对第二产业对人才短缺的反映。

（2）广东职业教育专业结构在规模扩大过程中呈现出的特点是大部分专业大类在校生“等比例放大”。在广东职业教育规模从 1998 年的 52.03 万人扩大到 2012 年的 309.74 万人的过程中，关于职业教育结构中专业调整的呼声不断，广东省教育厅等教育主管部门也不断出台各类文件，对广东职业教育的专业结构进行调整，试图使得职业教育与产业结构的契合度更大，但是从目前广东职业教育专业结构纵向变化所呈现出

的等比例放大的特征来看，专业结构调整的意图并没有到位地落实下去，到目前为止仍然是存量决定增量的增长方式。

本章对我国职业教育的专业结构进行了深入的研究。首先分析了我国高等职业教育专业结构的主要特征，其次分析了我国中等职业教育专业结构的主要特征；最后以广东省为例，深入分析了广东省职业教育的专业结构情况。研究结果表明：首先，高职与中职的专业结构都呈现出财经商贸大类的在校生总量大的特点，虽然从2011年到2019年的近十年间，该类别的职业教育在校生占比在逐步降低，但仍然是最大的；其次，装备制造大类的在校生在逐步减少，2019年与2011年相比，该专业大类的在校生占比在持续下降，装备制造类是服务于第二产业的主要专业大类，也就是说我们国家培养的高职类学生服务于第二产业的占比在降低，这是非常值得注意的信号；最后，在中等职业教育中，农林牧渔类的在校生在逐步减少，2019年与2011年相比，该专业大类的在校生占比大幅度地降低。

广东职业教育的专业结构中存在的主要问题是：教育中服务于第一产业与第二产业的专业大类的在校生比例偏低，服务于第三产业的专业大类在校生比例偏高；目前广东职业教育专业结构时间纵向变化呈现出的是等比例放大的特征，也即是存量决定增量的增长方式。

第 7 章　区域职业教育布局结构研究

区域职业教育布局结构研究的是职业教育资源的空间布局问题，职业教育资源涵盖的范围比较广，但核心资源是职业院校和接受职业教育的学生的分布情况。本书对于职业教育布局结构的研究有两个重点：一是研究区域间和区域内职业教育布局的特征，并探讨职业教育布局结构中区域内与区域间有无共性的特征；二是探寻区域内与区域间职业教育布局结构中的合作与互补问题。区域间的职业教育布局研究以 31 个省份（自治区、直辖市）为样本。区域内的职业教育布局研究以广东省为研究案例，考察广东作为一个省域在全国职业教育布局中的位置，并探讨广东省域内职业教育各类资源的分布特征。

由于职业教育与基础教育不同，在基础教育领域，更多强调的是公平，区域内的教育资源分布均衡是一个主要的考核指标，但是对于职业教育而言，教育资源均衡与效率的关系究竟如何，职业教育资源究竟是沿着产业带布局还是按照人口聚集布局，职业教育资源如何分布才能达到公平与效率兼顾，这些都是非常不容易回答的问题。本书首先分析区域间职业教育资源分布的特征，然后在特征总结分析的基础上再探讨资源分布合理性的问题。

7.1　区域职业教育布局结构与人口的关系

影响区域职业教育布局结构的因素中，经济因素与社会因素都发挥着重要的作用，尤其是区域职业教育布局结构与社会发展的关系是一个含义非常广泛的问题，它包含了职业教育与人口、文化、政治、习俗、体制等一系列的内容，其中人口是一个非常重要的因素。本节主要讨论

区域职业教育在特定的经济发展阶段中，布局结构与所在区域人口的关系。进行这一部分讨论的目的是试图揭示在职业教育布局演变的过程中，经济发展程度与人口变化状况与职业教育布局变化之间究竟存在怎样的互动关系。

对区域职业教育相对发展规模水平的衡量是判断协调性的主要指标。相对偏差是衡量区域职业教育规模相对人口发展规模的一项指标。区域职业教育规模相对偏差是衡量某区域职业教育在校生人数占全国职业教育在校生人数的比例与该区域人口占全国总人口的比例之间的差异程度。区域高等教育相对偏差是衡量某区域高等教育在校生人数占全国高等教育在校生人数的比例与该区域人口占全国总人口的比例之间的差异程度，计算公式为：

$$L = \frac{X - Y}{Y} \times 100\%$$

式中的 L 代表区域职业教育规模相对偏差%；X 代表区域职业教育在校生人数占全国职业教育在校生人数的比例；Y 代表区域人口占全国总人口的比例。

本研究认为：相对偏差在 ±10% 之间可以认为该区域职业教育规模与人口规模发展基本持平；相对偏差大于 10% 可以认为该区域职业教育规模比较大；相对偏差小于 -10% 认为该区域职业教育规模小。

7.1.1 区域中等职业教育规模与人口的关系

本研究对我国 2013 年与 2019 年的区域职业教育相对于常住人口的相对偏差分别进行了计算，区域职业教育在校生人数本应包含区域高等职业教育与区域中等职业教育在校生人数，由于高等职业教育已经隶属于高等教育的范畴，笔者认为区域中等职业教育在校生人数更能代表区域职业教育的基本情况，因此选取了区域中等职业教育在校生人数进行计算，见表 7-1 与表 7-2。

表 7-1 中呈现的相对偏差率大于 10% 的共有 9 个地区，分别是广东、广西、陕西、安徽、宁夏、河南、海南、四川、福建，以上 9 个地

区是我国职业教育规模相对于人口比较大的；相对偏差小于 -10% 的地区共有 13 个，分别是北京、辽宁、新疆、贵州、吉林、黑龙江、上海、西藏、天津、湖北、湖南、内蒙古、江苏。可以认为，这 10 个地区是属于职业教育规模发展相对不足的地区。

表 7-2 中呈现的相对偏差率大于 10% 的共有 12 个地区，分别是湖南、新疆、重庆、河北、云南、宁夏、河南、安徽、贵州、海南、青海、广西，以上 12 个地区是我国职业教育规模相对于人口比较大的地区；相对偏差小于 -10% 的地区共有 14 个，分别是北京、上海、吉林、黑龙江、天津、辽宁、湖北、内蒙古、陕西、甘肃、西藏、山东、广东、江苏，可以认为，这 14 个地区是职业教育规模发展相对不足的地区。

比较 2013 年与 2019 年的数据，职业教育相对规模不足的地区从 13 个增加到了 14 个，分析这个变化，除了北京、上海、吉林、黑龙江、辽宁、西藏、天津、内蒙古、湖北、江苏这 10 个没有变化的地区外，新增了陕西、甘肃、山东、广东。尤其是陕西和广东，它们在 2013 年的时候，都是属于职业教育相对偏差率大于 10% 的地区，经过短短的 5 年时间，已经进入了职业教育相对偏差率小于 -10% 的地区。换言之，陕西和广东从 2013 年的职业教育相对“富裕”的地区进入到职业教育相对“短缺”的地区，变化非常大。陕西和广东的职业教育在这个 5 年间究竟发生了什么，值得进一步研究。

表 7-1　2013 年各地区中等职业教育在校生规模与常住人口及相对偏差率

地区	常住人口/万人	常住人口在全国的占比/%	中等职业教育在校生/万人	中职在校生在全国的占比/%	相对偏差率/%
西藏	312	0. 23	1. 83	0. 11	-52. 17
上海	2 415	1. 78	15. 65	0. 93	-47. 75
天津	1 472	1. 09	10. 57	0. 63	-42. 20
黑龙江	3 835	2. 83	29. 30	1. 73	-38. 87
吉林	2 751	2. 03	22. 89	1. 35	-33. 50

续上表

地区	常住人口/万人	常住人口在全国的占比/%	中等职业教育在校生/万人	中职在校生在全国的占比/%	相对偏差率/%
湖北	5 799	4. 28	50. 05	2. 96	-30. 84
辽宁	4 390	3. 24	38. 06	2. 25	-30. 56
北京	2 115	1. 56	18. 97	1. 12	-28. 21
新疆	2 264	1. 67	23. 53	1. 39	-16. 77
贵州	3 502	2. 58	38. 34	2. 27	-12. 02
湖南	6 691	4. 94	73. 42	4. 34	-12. 15
内蒙古	2 498	1. 84	27. 55	1. 63	-11. 41
江苏	7 939	5. 86	88. 45	5. 23	-10. 75
浙江	5 498	4. 06	61. 86	3. 66	-9. 85
山东	9 733	7. 18	114. 70	6. 79	-5. 43
云南	4 687	3. 46	56. 78	3. 36	-2. 89
江西	4 522	3. 34	54. 91	3. 25	-2. 69
重庆	2 970	2. 19	37. 20	2. 20	0. 46
甘肃	2 582	1. 91	32. 78	1. 94	1. 57
河北	7 333	5. 41	93. 40	5. 53	2. 22
青海	578	0. 43	7. 68	0. 45	4. 65
山西	3 630	2. 68	48. 32	2. 86	6. 72
陕西	3 764	2. 78	52. 67	3. 12	12. 23
广东	10 644	7. 85	149. 57	8. 85	12. 73
福建	3 774	2. 78	58. 30	3. 45	24. 10
河南	9 413	6. 95	145. 66	8. 62	24. 03
四川	8 107	5. 98	126. 26	7. 47	24. 92
海南	895	0. 66	14. 19	0. 84	27. 27

续上表

地区	常住人口/万人	常住人口在全国的占比/%	中等职业教育在校生/万人	中职在校生在全国的占比/%	相对偏差率/%
宁夏	654	0.48	10.48	0.62	29.17
安徽	6 030	4.45	100.24	5.93	33.26
广西	4 719	3.48	86.24	5.10	46.55

注：数据来自国家统计局。

表7-2　2019年各地区中等职业教育在校生规模与常住人口及相对偏差率

地区	常住人口/万人	常住人口在全国的占比/%	中等职业教育在校生/万人	中职在校生在全国的占比/%	相对偏差率/%
北京	2 154	1.53	4.94	0.41	-73.20
上海	2 428	1.73	10.00	0.82	-52.60
吉林	2 691	1.92	11.79	0.97	-49.48
黑龙江	3 751	2.67	16.77	1.38	-48.31
天津	1 562	1.11	8.09	0.67	-39.64
辽宁	4 352	3.10	26.51	2.18	-29.68
湖北	5 927	4.22	39.19	3.22	-23.70
内蒙古	2 540	1.81	16.85	1.39	-23.20
陕西	3 876	2.76	25.75	2.12	-23.19
甘肃	2 647	1.89	18.67	1.54	-18.52
山东	10 070	7.17	73.05	6.01	-16.18
西藏	351	0.25	2.54	0.21	-16.00
广东	11 521	8.21	85.97	7.07	-13.89
江苏	8 070	5.75	62.15	5.11	-11.13
山西	3 729	2.66	29.67	2.44	-8.27

续上表

地区	常住人口/万人	常住人口在全国的占比/%	中等职业教育在校生/万人	中职在校生在全国的占比/%	相对偏差率/%
江西	4 666	3. 32	38. 55	3. 17	-4. 52
福建	3 973	2. 83	33. 48	2. 75	-2. 83
浙江	5 850	4. 17	54. 21	4. 46	6. 95
四川	8 375	5. 97	79. 61	6. 55	9. 72
湖南	6 918	4. 93	67. 00	5. 51	11. 76
新疆	2 523	1. 80	25. 54	2. 10	16. 67
重庆	3 124	2. 23	31. 72	2. 61	17. 04
河北	7 592	5. 41	77. 46	6. 37	17. 74
云南	4 858	3. 46	51. 32	4. 22	21. 97
宁夏	695	0. 50	7. 46	0. 61	22. 00
河南	9 640	6. 87	111. 06	9. 13	32. 90
安徽	6 366	4. 53	75. 07	6. 17	36. 20
贵州	3 623	2. 58	43. 81	3. 60	39. 53
海南	945	0. 67	11. 73	0. 96	43. 28
青海	608	0. 43	8. 16	0. 67	55. 81
广西	4 960	3. 53	68. 03	5. 59	58. 36

注：1. 中等职业教育在校生不包含技工学校在校生；2. 数据来自《中国教育统计年鉴》（2020）；3. 本研究在分析中选择了常住人口作为人口的表征数据，没有选择户籍人口，是因为常住人口相比户籍人口更能代表目前我国人口的分布情况。况且，目前各个省份对于异地高考逐渐放开，也支持以常住人口为指标分析区域的教育规模问题。

区域中等职业教育与常住人口的视角主要考察的是区域中等职业教育发展规模相对人口的情况，进行此项分析的基础认知是笔者认为一个地区接受中等职业教育的人口与该地区的常住人口之间的比例，可以说明该地区职业教育规模的大小程度。从以上的分析中可以发现，在中等职业教育规模相对人口而言比较不足的地区中，既有经济发展非常好的北京、上海等直辖市，也有经济欠发达的地区，例如陕西、甘肃等。从以上的分析至少可以说明，在经济发达程度的两极，职业教育所呈现的都是规模发展不足的状态。但是如果深入分析，贵州与上海，虽然都呈现的是职业教育规模发展不足的状态，但是它们的职业教育发展阶段却是不同的。那么，职业教育发展分析结果是否可以从侧面印证本书第6章中关于职业教育发展阶段性的分析结论？

表7－1只是呈现了我国2013年区域职业教育相对于常住人口的相对偏差率，西藏、上海、天津、黑龙江、吉林、湖北、辽宁、北京是相对偏差率小于－20%的区域，说明这些区域的中等职业教育规模相对于其常住人口而言是不足的，这些区域中既有经济非常发达的北京、上海，也有经济欠发达的西藏；相对偏差率大于20%的区域有福建、河南、四川、海南、宁夏、安徽、广西，说明这些地区的中等职业教育规模相对于其常住人口而言是比较大的，这几个区域的共同特征是经济发达程度在我国各区域中处于中下水平。从以上的分析中呈现出一个特征，即相对于当地常住人口而言，经济越发达，中等职业教育的规模越不足；经济处于中下状态的区域，其中等职业教育规模比较大。这个特征与前面对广东省内分析的结论比较吻合，也即区域内与区域间关于中等职业教育规模相对于当地常住人口所呈现的特征是一致的。

表7－2只是呈现了我国2019年区域职业教育相对于常住人口的相对偏差率，北京、上海、吉林、黑龙江、天津、辽宁、湖北、内蒙古、陕西这9个地区是相对偏差率小于－20%的区域，说明这些区域的中等职业教育规模相对于其常住人口而言是不足的，这些区域中既有经济非常发达的北京、上海等区域，也有经济欠发达的内蒙古。相对偏差率大于20%的区域有云南、宁夏、河南、安徽、贵州、海南、青海、广西，说明这些地区的中等职业教育规模相对于其常住人口而言是比较大的，这几个区域的共同特征是经济发达程度在我国各区域中处于中下水平。从以上的分析中呈现出有一个特征，即相对于当地常住人口而言，经济越发达，中等职业教育的规模越不足；经济处于中下状态的区域，其中等

职业教育规模比较大。这个初步的结论与前面对广东省内分析的结论比较吻合，也即区域内与区域间关于中等职业教育规模相对于当地常住人口所呈现的特征是一致的。

7.1.2 区域高等教育规模与人口的关系

本研究对我国 2013 年与 2019 年的区域高等教育相对于常住人口的相对偏差分别进行了计算。表 7 -3 是 2013 年我国各地区高等教育在校生规模与常住人口及相对偏差率，表 7 -4 是 2019 年我国各地区高等教育在校生规模与常住人口及相对偏差率。之所以在本节中分析我国高等教育，是因为上面分析了中等职业教育，但是职业教育中的高等职业教育属于高等教育，如果只考察中等职业教育，有可能对某区域整体教育水平不能完整把握。例如某中等职业教育发展规模属于不足的地区，也有可能高等教育规模比较大。

从表 7 -3 可知，2013 年我国高等教育偏差率大于 10% 的区域有 9 个，分别是天津、陕西、北京、湖北、重庆、辽宁、吉林、江苏、上海；这 9 个地区是属于高等教育规模比较大的区域，这也与我们平时的认知吻合，但是对比表 7 -1 分析的职业教育规模相对比较大的 9 个区域，只有一个区域是重合的，也就说明大部分高等教育规模大的地区，职业教育规模并不大；从表 7 -3 可知，相对偏差小于 -10% 的地区共有 11 个，分别是广东、河北、内蒙古、宁夏、四川、广西、新疆、贵州、云南、西藏、青海，这 11 个地区是高等教育规模较小的地区。

从表 7 -4 可知，2019 年我国高等教育偏差率大于 10% 的区域有 9 个，分别是天津、陕西、北京、重庆、吉林、湖北、江西、河南、辽宁。这 9 个地区是属于高等教育规模比较大的区域，这也与我们平时的认知吻合，但是对比表 7 -2 分析的职业教育规模相对比较大的 12 个区域，除了河南和重庆，其他 10 个区域都是不重合的，也就说明大部分高等教育规模大的地区，职业教育规模并不大。从表 7 -4 可知，相对偏差小于 -10% 的地区共有 8 个，分别是河北、内蒙古、浙江、广东、云南、新疆、青海、西藏，这 8 个地区是高等教育规模较小的地区。

表7－3　2013年各地区高等教育在校生规模与常住人口及相对偏差率

地区	常住人口/万人	常住人口在全国的占比/%	高等教育在校生/万人	高等教育在校生在全国的占比/%	相对偏差率/%
天津	1 472	1.09	48.99	1.99	82.74
陕西	3 764	2.78	107.76	4.37	57.20
北京	2 115	1.56	59.89	2.43	55.49
湖北	5 799	4.28	142.14	5.76	34.59
重庆	2 970	2.19	65.94	2.67	21.91
辽宁	4 390	3.24	96.80	3.92	21.08
吉林	2 751	2.03	59.95	2.43	19.66
江苏	7 939	5.86	168.45	6.83	16.51
上海	2 415	1.78	50.48	2.05	14.78
福建	3 774	2.78	73.05	2.96	6.28
海南	895	0.66	17.21	0.70	5.59
江西	4 522	3.34	86.18	3.49	4.65
黑龙江	3 835	2.83	71.79	2.91	2.79
山西	3 630	2.68	67.68	2.74	2.38
浙江	5 498	4.06	95.96	3.89	－4.16
山东	9 733	7.18	169.85	6.88	－4.18
安徽	6 030	4.45	105.21	4.26	－4.20
河南	9 413	6.95	161.83	6.56	－5.60
甘肃	2 582	1.91	44.30	1.79	－5.79
湖南	6 691	4.94	110.08	4.46	－9.66
广东	10 644	7.85	170.99	6.93	－11.79
河北	7 333	5.41	117.44	4.76	－12.06

续上表

地区	常住人口/万人	常住人口在全国的占比/%	高等教育在校生/万人	高等教育在校生在全国的占比/%	相对偏差率/%
内蒙古	2 498	1.84	39.92	1.62	-12.25
宁夏	654	0.48	10.45	0.42	-12.26
四川	8 107	5.98	127.08	5.15	-13.93
广西	4 719	3.48	65.61	2.66	-23.66
新疆	2 264	1.67	27.84	1.13	-32.48
贵州	3 502	2.58	41.90	1.70	-34.30
云南	4 687	3.46	54.86	2.22	-35.73
西藏	312	0.23	3.36	0.14	-40.87
青海	578	0.43	5.07	0.21	-51.84

注：1. 高等教育在校生包含研究生、本科生、专科生；2. 数据来自国家统计局；3. 本研究在分析中选择了常住人口作为人口的表征数据，没有选择户籍人口，是因为常住人口相比户籍人口更能代表目前我国人口的分布情况。况且，目前各个省份对于异地高考逐渐放开，也支持以常住人口为指标分析区域的教育规模问题。

表 7-4　2019 年各地区高等教育在校生规模与常住人口及相对偏差率

地区	常住人口/万人	常住人口在全国的占比/%	高等教育在校生/万人	高等教育在校生在全国的占比/%	相对偏差率/%
天津	1 562	1.11	53.94	1.78	59.92
陕西	3 876	2.76	112.20	3.70	34.05
北京	2 154	1.53	60.15	1.98	29.32
重庆	3 124	2.23	83.49	2.75	23.76
吉林	2 691	1.92	70.01	2.31	20.48

续上表

地区	常住人口/万人	常住人口在全国的占比/%	高等教育在校生/万人	高等教育在校生在全国的占比/%	相对偏差率/%
湖北	5 927	4. 22	150. 08	4. 95	17. 26
江西	4 666	3. 32	113. 50	3. 74	12. 64
河南	9 640	6. 87	231. 97	7. 65	11. 43
辽宁	4 352	3. 10	104. 11	3. 43	10. 78
江苏	8 070	5. 75	187. 41	6. 18	7. 54
海南	945	0. 67	20. 74	0. 68	1. 63
广西	4 960	3. 53	107. 64	3. 55	0. 50
上海	2 428	1. 73	52. 66	1. 74	0. 44
山东	10 070	7. 17	218. 39	7. 20	0. 43
福建	3 973	2. 83	86. 12	2. 84	0. 38
山西	3 729	2. 66	80. 20	2. 65	-0. 40
贵州	3 623	2. 58	76. 57	2. 53	-2. 13
黑龙江	3 751	2. 67	77. 82	2. 57	-3. 93
湖南	6 918	4. 93	140. 71	4. 64	-5. 81
四川	8 375	5. 97	166. 17	5. 48	-8. 12
甘肃	2 647	1. 89	52. 49	1. 73	-8. 17
安徽	6 366	4. 53	124. 12	4. 09	-9. 71
宁夏	695	0. 50	13. 52	0. 45	-9. 92
河北	7 592	5. 41	147. 40	4. 86	-10. 09
内蒙古	2 540	1. 81	47. 20	1. 56	-13. 95
浙江	5 850	4. 17	107. 47	3. 55	-14. 93
广东	11 521	8. 21	205. 40	6. 78	-17. 44

续上表

地区	常住人口/万人	常住人口在全国的占比/%	高等教育在校生/万人	高等教育在校生在全国的占比/%	相对偏差率/%
云南	4 858	3.46	86.40	2.85	-17.64
新疆	2 523	1.80	42.70	1.41	-21.63
青海	608	0.43	7.32	0.24	-44.25
西藏	351	0.25	3.62	0.12	-52.24

注：1. 高等教育在校生包含本科生、专科生；2. 数据来自《中国统计年鉴—2020》；3. 本研究在分析中选择了常住人口作为人口的表征数据，没有选择户籍人口，是因为常住人口相比户籍人口更能代表目前我国人口的分布情况，况且。目前各个省份对于异地高考逐渐放开，也支持以常住人口为指标分析区域的教育规模问题。

从以上的分析可以初步得出这样的结论：高等教育规模大的地区，它的职业教育规模一般不大；但是高等教育规模小的地区，并不意味着它的职业教育规模比较大，很多地区的高等教育与职业教育规模都不大。职业教育规模偏差率与高等教育规模偏差率所反映的问题值得重视，高等教育的发展阶段与职业教育的发展阶段是不重合的。

7.2 区域职业教育布局结构与区域 GDP 总量的关系

区域职业教育与区域 GDP 总量的关系主要考察的是区域职业教育发展规模相对 GDP 总量的情况。进行此项分析的基础是笔者认为一个地区在特定的经济发展阶段，接受职业教育的人口与该地区的 GDP 总量之间应该成正比例关系。该项分析可以说明该地区职业教育规模相对于经济发达程度的情况。

本研究对我国 2013 年与 2019 年区域职业教育相对于区域 GDP 总量的相对偏差进行了计算，分别见表 7-5 与表 7-6。

表 7-5 中呈现出 2013 年区域职业教育相对于区域 GDP 总量的相对偏差率大于 40% 的共有 10 个地区，分别是广西、甘肃、安徽、四川、河南、云南、贵州、江西、海南、山西，相对于这些地区的 GDP 总量，它

们的职业教育规模是比较大的；相对偏差率小于－20%的共有8个地区，分别是吉林、浙江、内蒙古、江苏、辽宁、天津、北京、上海，相对于这些区域的GDP总量，这些区域的职业教育规模是比较小的。

表7－6中呈现出2019年区域职业教育相对于区域GDP总量的相对偏差率大于40%的共有8个地区，分别是广西、贵州、甘肃、河北、河南、云南、江西、海南，相对于这些地区的GDP总量，它们的职业教育规模是比较大的；相对偏差率小于－20%的共有8个地区，分别是广东、内蒙古、天津、浙江、福建、江苏、上海、北京，相对于这些区域的GDP总量，这些区域的职业教育规模是比较小的。

从以上的分析可以看出，经济比较发达的地区，例如北京、上海、浙江等地，它们的职业教育规模呈现出相对不足的状态；而广西、云南、甘肃、贵州等经济欠发达的地区，它们的职业教育规模相对比较大。

表7－5　2013年各地区职业教育在校生规模与GDP总量及相对偏差率

区域	GDP总量/亿元	GDP总量在全国的占比/%	职业教育在校生/万人	职业教育在校生在全国的占比/%	相对偏差率/%
广西	14 378.00	2.28	130.79	4.38	92.11
甘肃	6 268.01	0.99	54.23	1.81	82.83
安徽	19 038.87	3.02	158.58	5.31	75.83
四川	26 260.77	4.17	201.09	6.73	61.39
河南	32 155.86	5.10	235.37	7.87	54.31
云南	11 720.91	1.86	85.47	2.86	53.76
贵州	8 006.79	1.27	57.97	1.94	52.76
江西	14 338.50	2.28	102.59	3.43	50.44
海南	3 146.46	0.50	22.30	0.75	50.00
山西	12 602.24	2.00	86.92	2.91	45.50
陕西	16 045.21	2.55	103.36	3.46	35.69
宁夏	2 565.06	0.41	16.45	0.55	34.15

续上表

区域	GDP 总量/亿元	GDP 总量在全国的占比/%	职业教育在校生/万人	职业教育在校生在全国的占比/%	相对偏差率/%
河北	28 301. 41	4. 49	162. 23	5. 43	20. 94
重庆	12 656. 69	2. 01	69. 51	2. 33	15. 92
湖南	24 501. 67	3. 89	133. 23	4. 46	14. 65
湖北	24 668. 49	3. 92	124. 13	4. 15	5. 87
新疆	8 360. 24	1. 33	40. 55	1. 36	2. 26
青海	2 101. 05	0. 33	9. 97	0. 33	0. 00
西藏	807. 67	0. 13	3. 48	0. 12	−7. 69
福建	21 759. 64	3. 45	92. 97	3. 11	−9. 86
广东	62 163. 97	9. 87	254. 01	8. 50	−13. 88
黑龙江	14 382. 93	2. 28	58. 62	1. 96	−14. 04
山东	54 684. 33	8. 68	211. 56	7. 08	−18. 43
吉林	12 981. 46	2. 06	45. 01	1. 51	−26. 70
浙江	37 568. 49	5. 96	116. 01	3. 88	−34. 90
内蒙古	16 832. 38	2. 67	50. 39	1. 69	−36. 70
江苏	59 161. 75	9. 39	176. 44	5. 90	−37. 17
辽宁	27 077. 65	4. 30	79. 59	2. 66	−38. 14
天津	14 370. 16	2. 28	30. 44	1. 02	−55. 26
北京	19 500. 56	3. 10	40. 75	1. 36	−56. 13
上海	21 602. 00	3. 43	35. 67	1. 19	−65. 31

注：1. 数据来自国家统计局；2. 职业教育在校生包含中等职业教育与高等职业教育在校生。

表 7-6　2019 年各地区职业教育在校生规模与 GDP 总量及相对偏差率

地区	GDP 总量/亿元	GDP 总量在全国的占比/%	职业教育在校生/万人	职业教育在校生在全国的占比/%	相对偏差率/%
广西	21 237. 14	2. 16	139. 67	4. 95	129. 17
贵州	16 769. 34	1. 70	87. 40	3. 09	81. 76
甘肃	8 718. 30	0. 88	44. 56	1. 58	79. 55
河北	35 104. 52	3. 56	161. 11	5. 70	60. 11
河南	54 259. 20	5. 51	242. 57	8. 59	55. 90
云南	23 223. 75	2. 36	101. 37	3. 59	52. 12
江西	24 757. 50	2. 51	104. 05	3. 68	46. 61
海南	5 308. 93	0. 54	21. 35	0. 76	40. 74
湖南	39 752. 12	4. 03	156. 59	5. 54	37. 47
青海	2 965. 95	0. 30	11. 54	0. 41	36. 67
安徽	37 113. 98	3. 77	140. 70	4. 98	32. 10
宁夏	3 748. 48	0. 38	14. 11	0. 50	31. 58
新疆	13 597. 11	1. 38	50. 57	1. 79	29. 71
四川	46 615. 82	4. 73	168. 37	5. 96	26. 00
山西	17 026. 68	1. 73	60. 90	2. 16	24. 86
吉林	11 726. 82	1. 19	38. 30	1. 36	14. 29
重庆	23 605. 77	2. 40	75. 00	2. 66	10. 83
黑龙江	13 612. 68	1. 38	43. 04	1. 52	10. 14
陕西	25 793. 17	2. 62	79. 31	2. 81	7. 25
山东	71 067. 53	7. 21	202. 94	7. 19	-0. 28
辽宁	24 909. 45	2. 53	70. 19	2. 49	-1. 58
湖北	45 828. 31	4. 65	110. 38	3. 91	-15. 91

续上表

地区	GDP 总量/亿元	GDP 总量在全国的占比/%	职业教育在校生/万人	职业教育在校生在全国的占比/%	相对偏差率/%
西藏	1 697.82	0.17	4.03	0.14	-17.65
广东	107 671.07	10.93	240.98	8.53	-21.96
内蒙古	17 212.53	1.75	37.87	1.34	-23.43
天津	14 104.28	1.43	27.99	0.99	-30.77
浙江	62 351.74	6.33	113.30	4.01	-36.65
福建	42 395.00	4.30	72.15	2.55	-40.70
江苏	99 631.52	10.11	160.61	5.69	-43.72
上海	38 155.32	3.87	26.99	0.96	-75.19
北京	35 371.28	3.59	16.15	0.57	-84.12

注：1. 职业教育在校生包含中等职业教育与高等职业教育在校生；2. 中等职业教育在校生人数的数据来自国务院发展研究中心信息网（国研网），中等职业教育在校生不包含技工学校在校生；3. 高等职业教育在校生人数的数据来自国务院发展研究中心信息网（国研网），原指标名“在校专科生人数”。

7.3 区域职业教育布局结构与区域技能型劳动力流向的关系

区域间的经济发展差异是造成劳动力流动的主要因素。我国经济发展程度差异不仅表现在省域之间的差距很大，我国东部沿海省份与中西部省份不论从经济总量，还是工业化阶段，差异是巨大的；而且省域之内不同地市的差异也非常大，例如广东省，以广州、深圳、东莞、佛山、珠海等地市组成的珠江三角洲的经济发展水平与粤西、粤东和粤北山区的发展差异是很大的。因此，不论是区域间还是区域内，劳动力的流动是不可避免的。

在我国目前劳动力流动非常大的情况下，学校形态职业教育资源的分布是必须加以高度关注的问题。对于职业教育资源的布局问题，在学界历来就有两种角度的研究，一种是以效率优先的角度开展的研究：认为职业教育的资源配置必须与当地产业发展相适应，也就是职业教育资源配置在空间上要沿着产业带进行配置，尤其是中等职业教育，如果远离产业区、产业带，职业教育就是无源之水；一种是以教育公平为切入点的研究，认为职业教育，尤其是中等职业教育是属于高中阶段的教育，要体现教育公平，对于经济欠发达的地区，如果在职业教育资源的布局上被忽视，从教育公平的角度看是不合理的，同时对于该地区长远的经济发展也是不利的。

学界的争论其实略有学究气，目前在现实中，职业教育资源配置，尤其在院校布局中掌握主导配置权的仍然是政府，市场配置的成分仍然比较小，广东省各级民办职业院校在总体中所占的份额很小，尤其是中等职业教育中民办的更少。目前我国学校形态的职业教育分为中等职业教育与高等职业教育，高等职业教育在层次上是属于专科层次的教育。以广东省为例，全省 526 所中等职业教育学校（不含技工学校）中，省属中等职业学校 44 所。也就是说，除了这 44 所是由省统筹之外，其余的全都是各个地级市各自统筹，而不同的地市由于经济发展差异很大，中等职业学校得到的办学资源差异就很大，可以说中等职业学校的发展基本上与所在地市的经济发展状况紧密相关。高等职业教育也与中等职业教育类似。广东省的 71 所高等职业院校，只有少量是省属的，其余是各个地市的。在深圳职业技术学院、东莞职业技术学院、顺德职业学院等高职院校的生均办学经费早已经达到 25 000 元以上的时候，粤北等经济欠发达地区的职业技术学院只有其 1/5，甚至更少。因此，不论是高等职业教育还是中等职业教育，在目前的管理体制下，由于统筹的层面太低，如果该地市经济发展落后，其对地方的职业院校的支持力度就很有限。在此情况下，职业教育发展不均衡的情况就越来越严重。

广东省采取中等职业教育“转移招生”的举措解决职业教育资源在省内配置不均衡的问题。改革开放 40 多年来，作为改革开放前沿阵地的广东省在经济迅猛发展的同时，区域发展不平衡、城乡发展不平衡、经济发展和社会事业发展不平衡矛盾突出。尤其在 2008 年金融危机之后，区域均衡发展的紧迫性凸显，广东省委、省政府在 2008 年 5 月底出台了

《关于推进产业转移和劳动力转移的决定》，实行“双转移”战略。其中主要的一项内容就是中等职业教育“转移招生”，将广东省的21个地级市划分为两个类别：一类是生源接受地市，这类地市是属于经济发展比较好，中等职业教育资源丰富的地市；另一类是生源输出地市，这类地市是经济欠发达，中等职业教育资源匮乏的地市。从2008年开始，每年都有转移招生的指标政策。

在全国范围内看，从改革开放之后，我国的劳动力流动就呈现出大规模从西部地区向东部沿海地区流动的模式，也就是中国特有的“民工潮”现象，区域之间劳动力大规模流动已经是我国劳动力的常态化行为。劳动力在区域间流动的主要原因仍然是区域间的差异。由于我国在改革开放初期的发展战略是“非均衡发展战略”，通过设立经济特区等措施，尤其在税收等方面的优惠，沿海省份的经济得到了比较快速的增长，由此与中西部省份之间的差距产生了，劳动力的大规模流动就此开始。广东是劳动力流入地。

从对表7-1、表7-2的分析中得知，在经济相对发达的地区，中等职业教育规模相对于常住人口与经济总量都呈现出规模相对不足的状态，结合劳动力流动的因素分析，这些经济相对发达的地区，对劳动力尤其是中等职业教育层次的劳动力的需求是很大的，则是表7-1呈现的“不足”只能说明当地自己培养的该层次劳动力不足，并不代表该地区吸纳劳动力的能力弱，它所吸纳的劳动力中很大比例是从其他省份、其他地市流入的，这样就可以解释为什么经济相对发达的地区会出现职业教育规模不足的情况。

7.4 区域职业教育布局结构呈现的主要特征

通过对广东省内职业教育院校与学生分布情况的分析，和区域间职业教育学生分布情况的分析，区域职业教育布局结构有以下几个特征：

7.4.1 职业教育布局不均衡

关于职业教育布局的均衡问题，不论是对广东省域内的分析，还是对全国各个区域间的分析，都呈现出一致的特征：布局非常不均衡。从学校分布的情况看，广东省大部分的高等职业院校与中等职业学校分布在珠三角；从接受职业教育的在校生分布情况看，在经济最发达的珠三角，每万常住人口中中等职业学生分布是最低的，经济发展中等程度的东西两翼的学生分布最多。

研究得出的“经济最发达的珠三角的每万常住人口中中等职业学生分布是最低的”这个结果，是颇令人不解的。在人们的印象中，广东珠三角地区是经济发达的地区，是吸纳劳动力的地方，为什么会呈现出中等职业教育在校生与其他地区相比不足的状态呢？笔者分析，从绝对数据来看，珠江三角洲是广东职业教育资源配置比较密集的地区，在校生数量是比较多的，但是由于珠江三角洲地区外来人口多，而且外来人口主要是外来务工人员，加上以前异地高考、异地中考等政策的限制，外来务工人员的子女大部分在家乡就学，因此珠三角的指标“相对于常住人口中等职业教育在校生”的比例就比较低。这就好理解了。

7.4.2 高等教育规模较大的地区职业教育规模相对较小

高等教育规模较大的地区，它的职业教育规模一般较小；但是高等教育规模较小的地区，并不当然地意味着它的职业教育规模比较大，很多地区的高等教育与职业教育规模都小。职业教育规模偏差率与高等教育规模偏差率所反映的问题值得重视。高等教育的发展阶段与职业教育的发展阶段是不重合的。经济比较发达的地区，例如北京、上海、浙江等地，它们的职业教育规模呈现出相对偏小的状态；而广西、云南、甘肃、贵州等经济欠发达的地区，它们的职业教育规模相对比较大。

7.4.3 应该提升职业教育统筹重心

目前职业教育统筹重心太低，不利于地市与省域之间职业教育的合作，广东探索性地进行转移招生，虽然已经取得了成效，但是这只是省域内地市之间职业教育浅层次的资源重新配置的措施，从地市之间职业教育分工与合作的角度来看，效果有限。因此，提高中等职业教育统筹重心，有利于发展经济发展落后地区的职业教育，也有利于缓解经济发达地区对劳动力的需求。

7.5 区域职业教育布局结构的案例研究——以广东省为例

广东的职业教育已经成为全国各省份中最大的职教体系。广东省教育厅2019年初的统计数据显示，从规模上看，全省职业教育（含技工教育）在校生约占全国的1/10，其中技工教育人数约占全国1/5，中等职业教育招生规模、在校生规模及每万名户籍人口中等职业教育在校生比例连续五年保持全国第一；从结构层次上看，广东省已初步构建起中等职业教育、高等职业教育（专科层次）、应用型本科教育、专业学位研究生教育纵向衔接的技术技能人才培养体系；从办学主体来看，广东省形成了公办职业教育和民办职业教育多元办学格局；从职业教育产教融合的成效看，目前广东省已成立近60个行业性或区域性职业教育集团；从职业教育促进充分就业和改善民生的角度看，2008年以来，职业教育主动服务“双转移”战略，累计跨区域转移招生近110万人[93]。

7.5.1 广东省职业教育总体规模变化分析

广东省的职业教育规模是全国各个省域中最大的。如图7－1所示，广东省中等职业教育与高等职业教育两个层次的在校生规模在2003—2019年间呈现出两种不同的递增状态。其中，中等职业教育的在校生规模呈现出先增后降的状态，高等职业教育则呈现出快速递增态势。2003年广东中等职业教育在校生总数为86.98万人，在2010年达到阶段性的高点，总数为230.34万人，之后就开始快速下降，2019年总数仅为143.74万人。广东的高等职业教育在校生人数在2003年至2019年间稳步增长，2003年广东高等职业教育在校生总数为54.17万人，至2019年已经增至155.01万人。

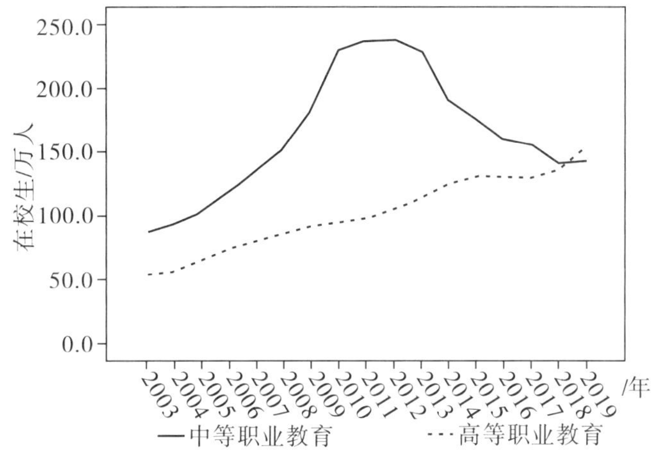

图 7-1 广东省职业教育在校生数量变化（2003—2019 年）

数据来源：1. 高等职业教育在校生人数的数据来自国务院发展研究中心信息网（国研网），原指标名“在校专科生人数”；2. 中等职业教育在校生人数的数据来自国务院发展研究中心信息网（国研网），中等职业教育在校生包含技工学校在校生。

以下是广东职业教育在校生规模增长的特征分析。在 2003—2019 年的 17 年间广东高等职业教育在校生规模增长较快。而中等职业教育在校生规模从 2008 年开始快速增长，这主要得益于国家政策——2005 年发布的《国务院关于大力发展职业教育的决定》中要求“到 2010 年，中等职业教育招生规模达到 800 万人，与普通高中招生规模大体相当”，因此由 2005 年开始，各省份纷纷大力发展中等职业教育，至 2010 年，中等职业教育在校生规模达到阶段性的高点，之后进入快速下降状态。

7.5.2 广东省中等职业教育学校与学生分布情况

广东省共有 21 个地级市，广东省统计局按照地域与经济发展情况，将 21 个地级市划分为四个经济区：珠三角，包含有 9 个地级市，分别是深圳、佛山、广州、江门、东莞、惠州、中山、珠海、肇庆；东翼，包含有 4 个地级市，分别是潮州、汕头、揭阳、汕尾；西翼，包含有 3 个地级市，分别是湛江、茂名、阳江；山区，包含有 5 个地级市，分别是韶关、清远、河源、梅州、云浮。

以下是广东省各个地级市中等职业教育在校生与当地人口的关系分

析。由于地级市之间的常住人口差异很大，如果只考虑中等职业教育学生的绝对数是不能说明问题的，因此引入了人口因素进行分析。表7－7显示2013年广东各地级市的每万常住人口中的中等职业教育在校生数差异非常大，最高的揭阳达到了251.18，其次是汕头为200.49，而最低的深圳只有31.63，东莞57.61。深圳与东莞都是广东省经济相对发达的地区，而揭阳、汕头、云浮属于经济欠发达地区，是否每万常住人口的中等职业教育在校生数与经济发达程度有一定关联呢？从表7－8所示2019年的数据看，情况已经发生了很大的变化，总体看来都下降了：肇庆达到了129.09；其次是广州，为118.25；最低的深圳只有29.35，潮州为33.18。

表7－7　2013年广东省各地市每万常住人口中的中等职业教育在校生数

地市	每万常住人口中中等职业教育在校生数/人	地市	每万常住人口中中等职业教育在校生数/人
广州	186.68	中山	77.95
深圳	31.63	江门	110.68
珠海	136.67	阳江	89.69
汕头	200.49	湛江	162.07
佛山	106.22	茂名	161.25
韶关	121.28	肇庆	167.18
河源	107.70	清远	118.70
梅州	146.87	潮州	94.22
惠州	138.29	揭阳	251.18
汕尾	142.39	云浮	165.35
东莞	57.61		

注：1. 中等职业教育在校生不包含技工教育在校生；2. 数据是分别根据《广东统计年鉴—2014》中的数据计算得来。

表 7-8　2019 年广东省各地市每万常住人口中的中等职业教育在校生数

地市	每万常住人口中中等职业教育在校生数/人	地市	每万常住人口中中等职业教育在校生数/人
广州	118.25	中山	70.55
深圳	29.35	江门	72.84
珠海	91.38	阳江	52.04
汕头	54.83	湛江	79.33
佛山	79.64	茂名	98.45
韶关	98.11	肇庆	129.09
河源	68.27	清远	74.04
梅州	59.79	潮州	33.18
惠州	99.77	揭阳	42.56
汕尾	45.17	云浮	71.58
东莞	67.30		

注：1. 中等职业教育在校生不包含技工教育在校生；2. 数据是根据《广东统计年鉴—2020》中的数据计算得来。

按照广东省的 4 个经济区域分析，广东的经济发展分类中，珠三角最发达，其次是东西两翼，山区属于经济欠发达地区。观察每万常住人口中的中等职业教育在校生数在广东省 4 个经济区域中的分布情况（见图 7-2、图 7-3），2013 年的数据显示珠三角最低，其次是山区，最高是东翼。从中等职业教育在校生在这四个区域的分布看出，经济最发达的珠三角的中等职业教育在校生分布是最低的，经济发展中等程度的东西两翼的在校生分布最多，这样的分布是否合理，是否在区域间也有类似的现象，对此现象该如何解释，有待于对区域间的职业教育布局结构进一步分析与解释。从 2019 年的数据看，情况发生了很大的变化，总体都下降了，但珠三角赶上了东翼和山区。

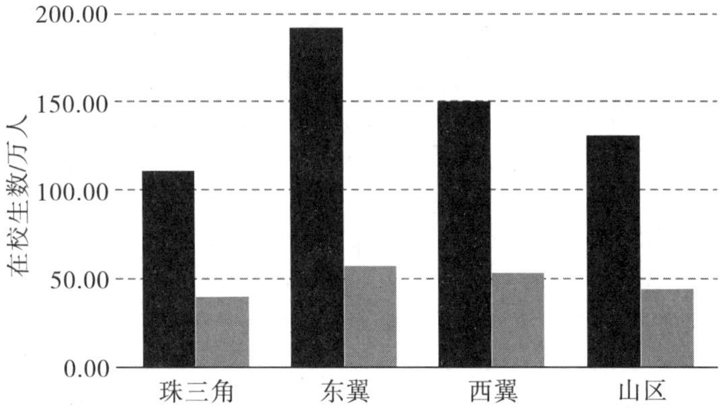

图 7－2　广东省 4 个经济区域中每万常住人口中的中等职业教育在校生数（2013 年）

注：数据来自《广东统计年鉴—2014》，不含技工教育。

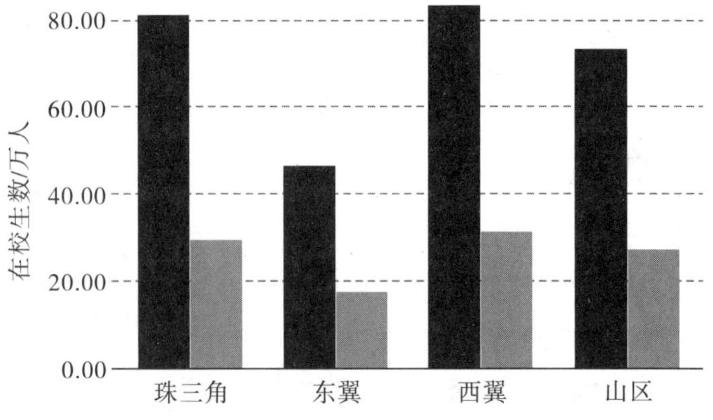

图 7－3　广东省 4 个经济区域中每万常住人口中中等职业教育在校生数（2019 年）

注：数据来自《广东统计年鉴—2020》，不含技工教育。

7.5.3　广东省高等职业教育院校与学生分布情况

根据来自《广东省高等职业教育质量年报（2020 年）》的数据，广东全省的高职院校的基本分类如下："广东省共有独立设置的高职院校 90 所，其中综合类高职院校占 49%，理工类高职院校占 24%"。2019 年，

全日制高职在校生规模为 80.22 万人，较 2018 年增加 4.31 万人，增幅 5.68%。广东省的高等职业教育资源呈现出向经济发达的珠三角地区高度集中的态势，粤东西北地区职业教育水平比较低，与珠三角地区差异很大。

高等职业教育属于高等教育范畴，我国对于高等教育的管理采取以省为主的统筹方式，而且高等职业教育的学生跨地市、跨省域就读的情况是十分普遍的，因此对于广东省内高等职业教育的布局研究，就没有必要像中等职业教育般对各个地级市的学校分布与学生分布进行过细的分析。

本章对区域职业教育的规模与布局结构进行了深入的分析，从总体规模、布局情况、毕业生就业情况、规模与人口等视角进行了研究。研究结果如下：

（1）区域间与广东省内的研究都表明，相对于当地常住人口而言，经济越发达，中等职业教育在校生的规模越不足。

（2）高等教育的发展阶段与职业教育的发展阶段是不重合的，具体表现为高等教育规模较大的地区，职业教育规模一般较小；高等教育规模大的地区，它的职业教育规模往往较小。

（3）应该提升职业教育统筹重心，目前职业教育统筹重心太低，不利于地市与省域之间职业教育的合作，而提高职业教育统筹重心。有利于经济发展落后地区职业教育的发展，也有利于缓解经济发达地区对劳动力的需求。

（4）广东省职业教育总体规模与经济社会发展的需求基本吻合，在规模与布局结构中存在的主要问题是广东省职业院校的分布非常不均衡，大部分的中高等职业院校分布在珠江三角洲，粤东、粤西与粤北山区分布太少，广东省的职业教育资源分布是典型的以广州、深圳等珠江三角洲中心城市为中心的点状集聚型分布。

第 8 章　区域职业教育发展的阶段性研究

对区域职业教育结构合理性的评价，不仅要从区域职业教育目前自身发展的协调性、与经济社会发展的适应性入手，更重要的是要判断区域职业教育发展所处的阶段，只有对区域职业教育发展所处的阶段有准确的判断，才能从趋势上明确区域职业教育发展的前景。前面几章通过从区域职业教育布局结构、层次结构、专业结构方面的分析，已经初步有一些基本结论，但是这些初步的结论是零散的。例如区域职业教育层次结构与人均 GDP 之间有密切的联系，区域职业教育专业结构与产业结构之间也是密切相关的，但是从职业教育发展的整体趋势来看，随着经济发展程度的提升，职业教育是否呈现出阶段性的发展特征？如果职业教育的发展呈现出阶段性的特征，那么我国各个区域分别处于哪个发展阶段？处于职业教育不同发展阶段的区域的职业教育发展目标、发展政策应该有哪些不同？

本章在前面研究的基础上，梳理区域工业化进程与职业教育、区域人均 GDP 与职业教育、区域产业结构与职业教育的关系，之后对我国区域职业教育发展的阶段进行研究，进而对各区域所处的职业教育发展阶段性进行划分，并进一步分析不同发展阶段职业教育所呈现的特点。

8.1　区域经济发展与职业教育的关系

8.1.1　区域工业化进程与职业教育的关系

1. 我国区域工业化进程的差异性分析

根据工业化理论，“一般可以将工业化的进程分为前工业化、工业化

初期、工业化中期、工业化后期和后工业化五个大的时期"[94]。在陈佳贵、黄群慧等的研究中，将我国31个省份（自治区、直辖市）进行了工业化进程的分段划分。他们的研究表明，"到2015年中国的工业化进程已经处于工业化中期的后半阶段，上海、北京、天津已经达到后工业化阶段，共有7个区域进入工业化后期的后半段，分别是广东、浙江、江苏、山东、重庆、福建、辽宁；处在工业化后期前半段的共有9个区域，分别是湖北、内蒙古、吉林、河北、江西、湖南、陕西、安徽、河南；处在工业化中期后半段的有四川、青海、宁夏、广西、山西、黑龙江；处在工业化中期前半段的有西藏、新疆、甘肃、海南、云南、贵州"[91]。他们的研究表明我国工业化的进程地区间差距巨大，当上海、北京在后工业化阶段的时候，西藏、海南、新疆还处于工业化中期阶段；当东部的大部分地区进入工业化后期的时候，西部大部分省份（自治区）还处于工业化中期阶段。由此可见，中国的工业化过程中区域发展非常不均衡。他们在报告中甚至认为"中国各地区工业化进程差异之大在工业化史上实属罕见，考虑到一般一个国家和地区实现工业化的过程会达到百年，这意味着一个国家内部省级区域经济发展水平最大会相差百年"[91]。工业化阶段的差异必然存在着产业结构的极大差异。

2. 区域工业化进程与职业教育的关系

关于工业化与职业教育发展的关系，已经有很多专门的论述，也有工业化程度发达国家的经验性总结，概括而言就是工业化过程和职业教育发展如影随形，工业化为职业教育发展提供动力支持，职业教育为工业化提供人力资本支撑。首先，职业教育本身就是工业化发展带来的产物。工业化的过程也是社会生产方式的变革过程，在这个过程中，对劳动者的素质要求不断提升，因此必须发展职业教育，给予他们现代科学技术和生产技能的教育。其次，工业化为职业教育发展提供动力支持，工业化将提高职业学校的物质装备水平，这将有力地促进职业教育的发展。

总之，工业化与职业教育发展是密切相关的，至于究竟各个区域工业化发展阶段对应的职业教育发展程度的吻合程度如何，正是职业教育研究的一个重要方面，也是本研究孜孜以求的。通过前面的分析已知，我国各区域工业化发展程度的差异很大，同时，相对应地，我国各个区域的职业教育不论从规模到结构的差异也很大。

8.1.2 区域产业结构与职业教育结构的关系

1. 区域产业结构差异分析

表 8－1 与图 8－1 是 2019 年我国各地区生产总值中第一产业、第二产业、第三产业在地区生产总值中的比重。各区域的三次产业占比的差异非常大。以第三产业占比为例，最高的北京占比达 83.52%，最低的福建只有 45.33%，如果不与直辖市比较，海南、广东的三次产业占比也达到了 58.95% 与 55.51%。海南、甘肃、西藏由于旅游产业发达，因而第三产业占比比较高，而这三个地区的第一产业占比也比较高，说明它们的第二产业占比低，工业化程度较低。第一产业也有同样的情况，在各区域占比的差异也非常大，最高的海南占比达到了 20.35%，而广东、浙江地区只有 4.04%、3.36%。

表 8－1　我国各区域生产总值中三产的比重（2019 年）

区域	第三产业占地区生产总值的比重/%	第二产业占地区生产总值的比重/%	第一产业占地区生产总值的比重/%
北京	83.52	16.16	0.32
上海	72.74	26.99	0.27
天津	63.45	35.23	1.31
海南	58.95	20.70	20.35
广东	55.51	40.44	4.04
甘肃	55.12	32.83	12.05
西藏	54.42	37.44	8.14
浙江	54.03	42.61	3.36
吉林	53.76	35.26	10.98
湖南	53.23	37.60	9.17
重庆	53.20	40.23	6.57

续上表

区域	第三产业占地区生产总值的比重/%	第二产业占地区生产总值的比重/%	第一产业占地区生产总值的比重/%
辽宁	52.99	38.26	8.74
山东	52.96	39.84	7.20
云南	52.64	34.28	13.08
四川	52.44	37.25	10.31
新疆	51.63	35.27	13.10
山西	51.38	43.77	4.84
江苏	51.25	44.43	4.31
河北	51.24	38.73	10.02
安徽	50.82	41.33	7.86
广西	50.72	33.33	15.95
青海	50.72	39.10	10.18
贵州	50.27	36.13	13.60
宁夏	50.26	42.28	7.47
黑龙江	50.06	26.56	23.38
湖北	50.01	41.67	8.31
内蒙古	49.56	39.62	10.82
河南	47.95	43.51	8.54
江西	47.50	44.19	8.31
陕西	45.83	46.45	7.72
福建	45.33	48.55	6.12

注：数据来自国家统计局。

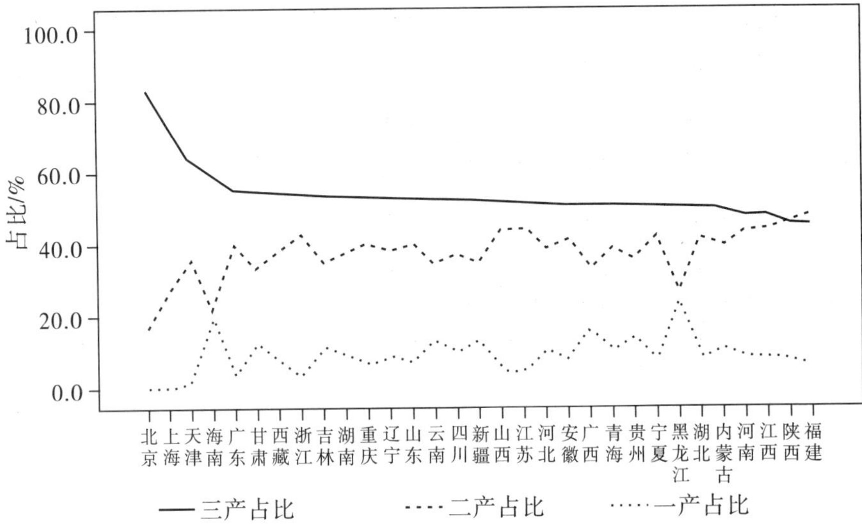

图 8－1　各区域三次产业在地区生产总值中的占比（2019 年）

从以上的分析可见，我国各个区域三次产业占地区生产总值的比例差异非常大，对职业教育专业结构与层次结构的需求差异也很大。

2. 职业教育专业结构

三次产业与职业教育的专业不能简单地一一对应，一是因为职业教育毕业生所从事的专业也许与他所学的专业不一致；二是因为职业教育的专业所培养的学生在就业时并不限于某一个产业。例如，农学专业的毕业生也许就业在流通领域，从事农产品的流通服务业的工作等。但是，职业教育与普通高等教育还是有一些差别的，接受职业教育的学生在学校期间学的技能性的知识与其毕业后就业有比较密切的关联，接受职业教育的毕业生毕业后从事与本专业相关的工作的概率要高于接受普通高等教育的毕业生。因此，从研究的角度，进行粗略的对应分析仍然是有益的。本书第 5 章将中等职业教育与高等职业教育的各专业大类与三次产业进行了粗略对应。

表 8－2 是 2019 年职业教育各专业大类在校生对应的产业占比，从表中看出两个特点：第一是服务于第一产业的职业教育层次低，中等职业教育相关专业在校生占比是 5.57%，但是高等职业教育相关专业占比只有 1.86%；第二是服务于第三产业的专业在校生占比是最大的，中等职

业教育相关专业在校生占比达到了78.99%，高等职业教育相关专业占比达到了69.62%，可见第三产业对劳动力的吸纳能力是最大的。各个区域职业教育结构对应于产业结构所呈现的特点，在本书第5章中有比较详尽的分析。关于各个区域的职业教育专业结构的特征，在目前我国劳动力流动幅度比较大的状况下，不仅要从产业结构特征解释，同时还需要引入区域劳动力流动与职业教育合作分工的角度分析。

表8-2　职业教育各专业大类在校生对应的产业占比（2019年）

<table>
<tr><th>区域</th><th>服务于第一产业的在校生占比/%</th><th>第一产业增加值占比/%</th><th>服务于第二产业的在校生占比/%</th><th>第二产业增加值占比/%</th><th>服务于第三产业的在校生占比/%</th><th>第三产业增加值占比/%</th></tr>
<tr><td>中等职业教育</td><td>5.57</td><td rowspan="2">7.11</td><td>15.44</td><td rowspan="2">38.97</td><td>78.99</td><td rowspan="2">53.92</td></tr>
<tr><td>高等职业教育</td><td>1.86</td><td>28.52</td><td>69.62</td></tr>
</table>

注：原始数据来自《中国社会统计年鉴—2020》《中国统计年鉴—2020》。

表8-3　职业教育各专业大类在校生对应的产业占比（2012年）

<table>
<tr><th>区域</th><th>服务于第一产业的在校生占比/%</th><th>第一产业增加值占比/%</th><th>服务于第二产业的在校生占比/%</th><th>第二产业增加值占比/%</th><th>服务于第三产业的在校生占比/%</th><th>第三产业增加值占比/%</th></tr>
<tr><td>中等职业教育</td><td>12.95</td><td rowspan="2">10.08</td><td>21.17</td><td rowspan="2">45.27</td><td>65.88</td><td rowspan="2">44.65</td></tr>
<tr><td>高等职业教育</td><td>1.78</td><td>34.52</td><td>63.70</td></tr>
</table>

注：原始数据来自教育部教育管理信息中心。

表8-3是2012年职业教育各专业大类在校生对应的产业占比。2012年的数据与2019年的数据相比，有一些明显的变化：首先，第二产业增加值占比从45.27%下降到38.97%，高等职业教育服务于第二产业的在

校生占比从 34.52% 下降到 28.52%，中等职业教育服务于第二产业的在校生占比从 21.17% 下降到 15.44%，由此可见职业教育服务于第二产业的学生数明显下降；其次，高等职业教育服务于第三产业的在校生占比从 2012 年的 63.70% 增加到 2019 年的 69.62%，中等职业教育服务于第三产业的在校生占比从 2012 年的 65.88% 增加到 2019 年的 78.99%，由此可见职业教育服务于第三产业的学生数明显增加。

8.1.3 区域人均 GDP 与职业教育的关系

人均 GDP 是一个地区宏观经济发展状况的标志性指标，是"一个国家核算期内实现的国内生产总值与这个国家的常住人口相比进行计算，得到人均国内生产总值计算公式为：人均国内生产总值（元/人）=国内生产总值/平均常住人口"[87]。人均 GDP 是衡量地区之间的经济水平差异的有效比较指标。下面分别从区域人均 GDP 与职业教育规模的关系，区域人均 GDP 与职业教育结构的关系分析。

1. 区域人均 GDP 与职业教育规模的关系

本书在第 3 章给出了相对偏差率的定义，职业教育规模相对偏差度体现的是区域职业教育在校生（包含中等职业教育与高等职业教育）在全国职业教育在校生中所占的份额，相对于该区域 GDP 总量在全国 GDP 总量中所占的份额的相对偏差率。

职业教育规模偏差率以 0 为界，职业教育规模偏差越大，说明该区域职业教育规模相对于该区域的 GDP 总量是不足的，也就是说该区域的 GDP 总量大，但是相对于 GDP 而言职业教育规模是不足的，换言之，该区域的职业教育规模不足以支撑本区域的经济发展；如果该区域的职业教育规模相对偏差越小，说明该区域职业教育规模相对于它的 GDP 总量而言是过大了，也可以说是该区域的职业教育规模大于本区域的经济发展的需求，换言之，职业教育毕业生是过剩的。

换一个角度分析，如果该区域的职业教育规模相对偏差率小于 0，说明该区域的职业教育规模已经超过了该区域经济发展所需要的量，按照微观经济学的观点，该区域技能型劳动力过剩。如果过剩的技能型劳动力全部滞留在该区域，势必会压低劳动工资。而实际情况是这些职业教育规模相对偏差率小于0的区域，基本都是技能型劳动力输出区域。如果该区域的职业教育规模相对偏差率大于0，说明该区域的职业教育规模不能满足该区域经济发展对劳动力的需求，因此这些地区是技能型劳动力的流入地区。

表8-4是2019年我国区域人均GDP与职业教育规模相对偏差率，图8-2是2019年我国各区域人均GDP与职业教育规模相对偏差率，两条曲线走势比较吻合，说明区域人均GDP与职业教育规模相对偏差率正相关，人均GDP高的区域，职业教育规模相对偏差率也比较高，这些区域的职业教育规模相对而言是不足的。

表8-4　区域人均GDP与职业教育规模相对偏差率（2019年）

区域	区域人均GDP/万元	职业教育规模偏差率/%	区域	区域人均GDP/万元	职业教育规模偏差率/%
北京	16.42	84.08	河南	5.64	-55.98
上海	15.73	75.32	四川	5.58	-26.02
江苏	12.36	43.75	新疆	5.43	-29.77
浙江	10.76	36.60	宁夏	5.42	-31.36
福建	10.71	40.62	江西	5.32	-46.63
广东	9.42	21.91	青海	4.90	-35.76
天津	9.04	30.75	西藏	4.89	17.24
湖北	7.74	15.97	云南	4.79	-52.30
重庆	7.58	-10.86	贵州	4.64	-81.84
山东	7.07	0.37	河北	4.63	-60.13
内蒙古	6.79	23.23	山西	4.57	-24.79
陕西	6.66	-7.29	吉林	4.35	-13.95
安徽	5.85	-32.27	广西	4.30	-129.46
湖南	5.75	-37.44	黑龙江	3.62	-10.31
辽宁	5.72	1.68	甘肃	3.30	-78.35
海南	5.65	-40.34			

注：原始数据来自国家统计局。

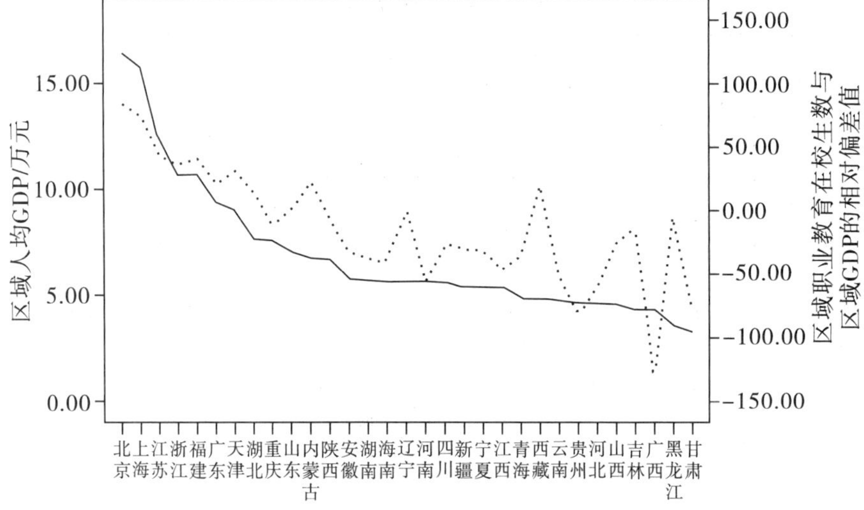

图 8-2　各区域人均 GDP 与职业教育规模相对偏差率（2019 年）

2. 区域人均 GDP 与职业教育层次结构的关系

指标“中高职比值”在本书第 3 章中有详细的定义与解释，它的作用主要是判断该职业教育层次结构中不同层次之间学生规模的情况。该比值的含义是中高等职业教育在校生规模的比例。该比值等于 1，说明中等职业教育与高等职业教育在校生相等；该比值大于 1，说明高等职业教育在校生总数大于中等职业教育在校生总数，数值越大，说明高等职业教育在校生相比中等职业教育在校生越多；该比值小于 1，说明高等职业教育在校生总数小于中等职业教育在校生总数。究竟区域人均 GDP 与中高职比值之间有什么关系，是否呈现出规律性的关系，需要进一步研究。

表 8-5 是 2019 年我国区域人均 GDP 与中高职比值，图 8-3 是 2019 年我国各区域人均 GDP 与中高值比值。从图可见，两条曲线走势比较吻合，说明区域人均 GDP 与中高职比值呈正相关，人均 GDP 高的区域，中高职比值也比较高，也即是这些区域的高等职业教育规模比较大，这部分内容在这些区域的职业教育层次结构已经或者是正在从金字塔形演变为纺锤形。也可以说是目前我国各区域中随着人均 GDP 的上升，职业教育结构逐渐从金字塔形往纺锤形演变。

表 8－5　区域人均 GDP 与中高职比值（2019 年）

区域	区域人均 GDP/万元	中高职比值	区域	区域人均 GDP/万元	中高职比值
北京	16. 42	2. 27	河南	5. 64	1. 18
上海	15. 73	1. 70	四川	5. 58	1. 11
江苏	12. 36	1. 58	新疆	5. 43	0. 98
浙江	10. 76	1. 09	宁夏	5. 42	0. 89
福建	10. 71	1. 15	江西	5. 32	1. 70
广东	9. 42	1. 80	青海	4. 90	0. 41
天津	9. 04	2. 46	西藏	4. 89	0. 59
湖北	7. 74	1. 82	云南	4. 79	0. 98
重庆	7. 58	1. 36	贵州	4. 64	0. 99
山东	7. 07	1. 78	河北	4. 63	1. 08
内蒙古	6. 79	1. 25	山西	4. 57	1. 05
陕西	6. 66	2. 08	吉林	4. 35	2. 25
安徽	5. 85	0. 87	广西	4. 30	1. 05
湖南	5. 75	1. 34	黑龙江	3. 62	1. 57
辽宁	5. 72	1. 65	甘肃	3. 30	1. 39
海南	5. 65	0. 82			

注：原始数据来自国家统计局。

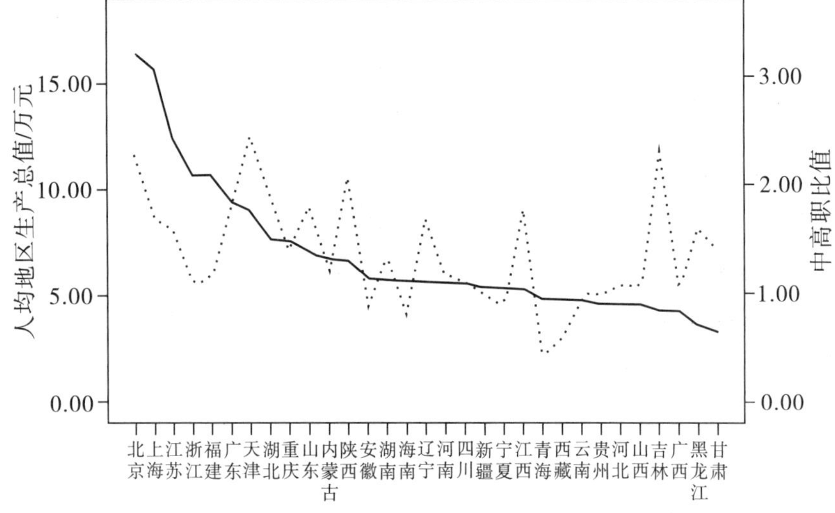

图 8－3　我国各区域人均 GDP 与中高职比值（2019 年）

8.2　区域职业教育发展的阶段性划分

对于工业化社会的高等教育发展，马丁·特罗的发展阶段学说认为将遵循精英、大众、普及这三个阶段。职业教育的发展是否存在着阶段性呢？职业教育的发展程度与经济发展的关系如何？是不是职业教育发展快，就必然意味着人均 GDP 增长快？是否工业化程度越高，社会对职业教育的需求就越大？对这个问题的回答涉及有关职业教育发展阶段性的问题。我们从前面的分析中知道：（1）区域职业教育规模大小程度与区域高等教育规模大小程度呈现跷跷板的态势。即一个区域的高等教育规模大，它的职业教育的规模是相对比较小的；如果一个区域的职业教育规模比较大，那么它的高等教育规模就相对比较小。（2）从区域职业教育规模与区域 GDP 总量的视角来看，经济相对发达的区域，如吉林、浙江、内蒙古、江苏、辽宁、天津、北京、上海等，这些地区的职业教育规模水平是比较低的。(3）区域人均 GDP 与职业教育规模相对偏差率正相关，人均 GDP 高的区域，职业教育规模相对偏差率也比较高，说明这些区域的职业教育规模相对而言是不足的。以上的研究初步结论虽然尚不足以支持职业教育发展存在阶段性的论断，但是至少说明职业教育与经济发展不是始终都呈现线性的单边趋势。下面从国际职业教育政策走向、经济发展的阶段性与工业化程度的阶段性等方面进行分析。

8.2.1 经济发达国家职业教育发展的阶段性分析

和震（2010）年对世界银行职业教育政策的演变进行了分析，认为世界银行在近半个世纪的历程中，对职业教育贷款政策经历了三个明显的不同阶段。第一阶段是以促进经济发展为导向，确立职业教育优先的教育政策阶段（1963 年至 20 世纪 70 年代末）；第二阶段是重视效益评估，进入政策调整阶段（70 年代末至 90 年代初）；第三阶段是职业教育失去优先权，职业教育政策转为鼓励与扶持私人培训部门和企业培训等非正规在职培训（90 年代至今）[118]。这个阶段转换的背后逻辑是在第一个阶段中，世界银行主要目的是提高劳动者的生产率，倾向性地资助职业技术学校或技术导向的课程，坚持其贷款的条件必须是中等教育的课程朝向技术的、农业的和商业的多样化发展。在这个阶段中，对职业教育的贷款占到对教育总贷款的 43%。但是随着学校本位的职业教育弊端显现，比如高成本、缺乏满足雇主需要的适应性、缺乏工厂内培训的成效等，世界银行的贷款政策逐渐加大了对职业培训的资助比例，这是政策从主要资助学校形态的模式转变为学校形态与职后培训并重的局面[94]。

西方社会职业教育体系的现代进程中，世界各国职业教育体系表现出大致相同的阶段性特征。各国的产业结构转型是现代职业教育阶段性的标志，在农业经济向工业经济的转型初期，职业教育体系开始建立；进入到工业经济从初级形态向现代工业转变的时期，主要特点是产业主要为劳动密集型的，对产业工人的操作性技能的需求较单一，这个时期的职业教育层次不高；第三阶段是经济结构从第一、二产业向第三产业转变，这个时期对工人的复合型技能要求提高了，这个阶段职业教育的层次结构开始提升。从这个大的阶段性来看，职业教育的发展是有阶段性的。

8.2.2 对我国职业教育发展阶段性判断的研究现状

现有已经发表的成果中对职业教育发展阶段性研究的不多，陈衍

（2008）的著作《职业教育国际竞争力报告（2008）》从国际竞争力的视角出发，比较和评价世界职业教育发展现状，其中对世界部分国家人均 GDP 与职业教育发展的关系进行了研究，发现："职业教育国际竞争力的趋势线并没有随着人均 GDP 的增加而迅速上扬，而是缓慢上扬后呈现缓慢回落的趋势，当国民生活水平提高到一定程度时，国家对职业教育的发展力度逐渐减弱，职业教育竞争力下降"[95]。

此外，关于职业教育发展阶段性的研究还有白汉刚（2012）按照时间对我国职业教育体系划分了发展阶段，认为职业教育体系的演变大体可以分为 1949 年前的初创与探索期、中华人民共和国成立后的改造与受挫期、改革开放后的完善与创新期[96]。姜明文（2012）认为我国经济社会发展总体上已经进入工业化中后期，在这一阶段，职业教育应放在优先发展的战略位置[97]。

梳理前人关于职业教育阶段性的研究成果，虽然有对我国整体职业教育发展的阶段性的分析，但是没有对于我国区域职业教育发展阶段差异性的分析与判断。正如前文中的分析，我国的区域工业化阶段与产业阶段的差异非常大，职业教育发展阶段不可能处在同等的水平下。因此，对我国区域职业教育阶段性的判断是至关重要的，它是准确把握区域职业教育结构合理与否的关键，这是因为处于职业教育不同阶段的区域，它的发展预期与趋势是不同的。

8.2.3 区域职业教育发展的综合排名

在前面章节中，对我国区域职业教育的规模、结构都分别进行了研究，但是就区域整体而言，职业教育的发展程度究竟如何，各个区域间职业教育发展呈现的梯度是怎样的，这是本节主要关注的问题。

1. 方法与数据

采用因子分析法，利用 2019 年横截面数据对我国 31 个省（自治区、直辖市）的区域职业教育进行综合排名，对于表征职业教育发展程度的指标群进行因子得分计算和排序。表征一个区域职业教育程度的指标比较多，如何选择指标将直接影响评价结果。本研究选取职业教育规模与结构两方面的指标来衡量区域职业教育发展程度，具体指标有：人均

GDP、职业教育规模相对偏差率、中高职比值、高等教育普职比、高中阶段教育普职比。其中职业教育规模相对偏差度是表征职业教育规模的指标，中高职比值、高等教育普职比、高中阶段教育普职比是表征职业教育层次结构的指标，人均 GDP 是表征职业教育发展基础与条件的指标。

首先对数据进行无量纲化处理，以便不同单位或量级的指标能够进行比较。然后采用 SPSS 19.0 进行数据的标准化处理与综合评价分析。

2. 分析过程

首先检验该组数据是否合适进行因子分析。通过进行巴特利特球形检验 Bartlett（Bartlett Test of Sphericity）与 KMO（Kaiser-Meyer-Olkin），检验结果显示适合进行因子分析，球形 Bartlett 检验的相伴概率值为 0.000，适合于作因子分析。在因子抽取方法中采用主成分法，并设置抽取 2 个公因子，以 2 个公因子的方差贡献率为权数，求得职业教育发展程度综合得分如表 8－6 所示。以职业教育发展程度的综合得分（因子得分值）对各个省份的排序如图 8－4 所示。

表 8－6 各区域职业教育发展程度综合得分表（2019 年）

区域	人均 GDP/万元	规模相对偏差率	中高职比值	高等教育普职比	高中阶段普职比	因子得分值
北京	16.42	84.08	2.27	6.12	3.10	3.72
上海	15.73	75.32	1.70	2.17	1.59	1.75
天津	9.04	30.75	2.46	1.54	1.96	1.13
江苏	12.36	43.75	1.58	1.10	1.69	0.87
吉林	4.35	－13.95	2.25	1.45	3.55	0.66
广东	9.42	21.91	1.80	0.88	2.14	0.61
湖北	7.74	15.97	1.82	1.00	2.17	0.47
陕西	6.66	－7.29	2.08	0.96	2.66	0.46
福建	10.71	40.62	1.15	0.84	1.91	0.45
浙江	10.76	36.60	1.09	1.02	1.45	0.34

续上表

区域	人均 GDP/万元	规模相对偏差率	中高职比值	高等教育普职比	高中阶段普职比	因子得分值
山东	7.07	0.37	1.78	0.66	2.29	0.21
内蒙古	6.79	23.23	1.25	0.91	2.41	0.17
黑龙江	3.62	-10.31	1.57	1.32	3.29	0.15
辽宁	5.72	1.68	1.65	1.05	2.27	0.14
西藏	4.89	17.24	0.59	1.82	2.58	-0.08
重庆	7.58	-10.86	1.36	0.77	1.94	-0.09
江西	5.32	-46.63	1.70	0.68	2.74	-0.19
山西	4.57	-24.79	1.05	1.15	2.22	-0.44
湖南	5.75	-37.44	1.34	0.81	1.82	-0.47
四川	5.58	-26.02	1.11	0.91	1.76	-0.51
宁夏	5.42	-31.36	0.89	1.05	2.06	-0.56
新疆	5.43	-29.77	0.98	0.69	2.07	-0.61
甘肃	3.3	-78.35	1.39	0.87	2.82	-0.68
河南	5.64	-55.98	1.18	0.70	1.94	-0.69
安徽	5.85	-32.27	0.87	0.71	1.45	-0.79
河北	4.63	-60.13	1.08	0.86	1.82	-0.84
海南	5.65	-40.34	0.82	0.84	1.47	-0.84
云南	4.79	-52.30	0.98	0.80	1.77	-0.86
贵州	4.64	-81.84	0.99	0.61	2.26	-1.00
青海	4.90	-35.76	0.41	1.08	1.55	-1.01
广西	4.30	-129.46	1.05	0.57	1.60	-1.49

注：原始数据来自国家统计局。

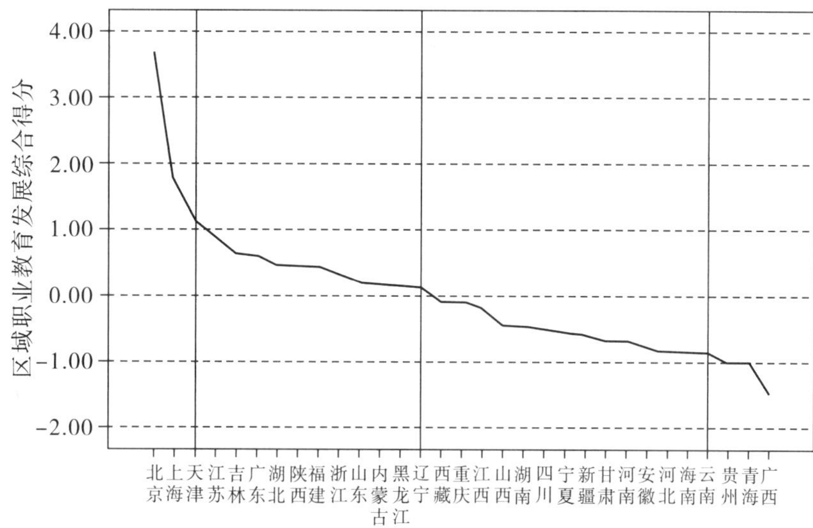

图 8－4　我国各区域职业教育发展程度排序（2019 年）

8.2.4　我国区域职业教育发展阶段划分

我国的区域职业教育处于不同的发展阶段，这是本研究的一个基本判断，基于以下的理由：

（1）我国工业化的进程的地区间差距巨大. 当上海、北京在后工业化阶段的时候，西藏、海南、新疆还处于工业化初期阶段；当东部的大部分地区进入工业化后期的时候，西部大部分省份（自治区）还处于工业化中期阶段。我国各区域产业结构差异巨大，巨大的产业结构差异与工业化进程差异必然导致对职业教育的规模、层次的需求不同。

（2）职业教育规模和布局与经济发展程度之间有规律可循，从区域常住人口与区域 GDP 总量的角度考察区域职业教育规模水平时，得出的结论是在经济比较发达的地区，例如北京、上海、浙江等地，它们的职业教育规模呈现出相对不足的状态；而甘肃、广西、贵州、云南等经济欠发达的地区，它们的职业教育规模相对比较大，说明经济发达程度与职业教育规模之间是有明显规律性可循的。

（3）职业教育层次结构与经济发展之间也是有规律的。区域人均 GDP 与中高职比值呈正相关，人均 GDP 高的区域，中高职比值也比较高，

也即是这些区域的高等职业教育规模比较大，这些区域的职业教育层次结构已经或者是正在从金字塔形演变为纺锤形。

本研究尝试将目前我国区域职业教育发展阶段划分为四个阶段，即职业教育培育期、职业教育上升期、职业教育稳定期、职业教育缩减期。下面对这四个阶段的特征进行分析，也即是考察不同阶段的区域是否具有某些共同的特征，并以此验证阶段划分的科学性。

以五等分法对我国各区域职业教育综合发展水平的因子得分值进行分类，可以得到4类区域，分别是得分在（1~3）之间的区域，得分在（0~1）之间的区域，得分在（-1~1）之间的区域，得分在（-1以下的区域），如表8-7所示。

表8-7 按照职业教育发展程度对我国各区域进行分类（2019年）

职业教育缩减期 $1<L\leq 3$	职业教育稳定期 $0<L\leq 1$	职业教育上升期 $-1<L\leq 0$	职业教育培育期 $L\leq -1$
北京	江苏	西藏	贵州
上海	吉林	重庆	青海
天津	广东	江西	广西
	湖北	山西	
	陕西	湖南	
	福建	四川	
	浙江	宁夏	
	山东	新疆	
	内蒙古	甘肃	
	黑龙江	河南	
	辽宁	安徽	
		河北	
		海南	
		云南	

8.3　区域职业教育发展阶段性呈现的特征分析

在对我国区域职业教育发展阶段性特征分析之前，需要首先说明的是区域职业教育发展阶段性的演进与变化是渐进式的连续的过程。因此，划分职业教育发展阶段性的最大意义在于能更好地把握职业教育发展演进的规律，并不是处在不同阶段的两个区域之间有截然不同的特征，尤其是在综合排名中处于相邻的区域。例如云南与甘肃分属两个不同的阶段，但是也许这两个区域之间职业教育的特征并没有什么明显不同。

表8－8是2019年区域职业教育指标分阶段平均值，从表中可知，各阶段的特征是有比较明显的区别的，具体分析如下：

人均GDP：处于职业教育缩减期的区域平均人均GDP是13.73万元，处于职业教育稳定期的区域平均人均GDP是7.75万元，处于职业教育上升期的区域平均人均GDP是5.31万元，处于职业教育培育期的区域平均人均GDP是4.61万元。由此可见，随着人均GDP的上升，职业教育发展的阶段也从培育期、上升期、稳定期向缩减期演化。

规模相对偏差率：职业教育规模相对偏差率的含义是衡量某区域职业教育在校生人数占全国职业教育在校生人数的比例与该区域GDP总量占全国GDP总量的比例之间的差异程度。规模相对偏差率大于0，说明该区域职业教育在校生总量相对于该区域的GDP总量是不足的，该偏差率越大，说明职业教育在校生不足程度越大；规模相对偏差率小于0，说明该区域职业教育在校生总量相对于该区域的GDP总量是过剩的，该偏差率越小，说明职业教育在校生剩余程度越大。处于职业教育缩减期区域的平均职业教育规模相对偏差率是63.38%，处于职业教育稳定期的区域平均职业教育规模相对偏差率是13.87%，处于职业教育上升期的区域平均职业教育规模相对偏差率是－36.36%，处于职业教育培育期的区域平均职业教育规模相对偏差率是－82.35%。由此可见，教育规模相对偏差率是从上升期的－82.35%，到缩减期的63.38%，偏差率变化的趋势是不断增加，同时其增大的幅度比较大；说明处于职业教育发展上升期的区域的职业教育在校生是相对过剩的，处于职业教育缩减期的区域的

职业教育在校生是相对不足的。

如何理解在职业教育上升期职业教育的规模“过剩”与职业教育缩减期职业教育规模“不足”的问题。职业教育规模相对偏差率（相对于GDP）只是说明了某区域职业教育在校生人数与该区域 GDP 总量占全国 GDP 总量的差异程度，就是说该区域本地培养的职业教育在校生相对于该区域的经济发展状况是不足的，也即意味着该区域其实是技能型劳动力的输入区域；如果某区域本地培养的职业教育在校生相对于该区域的经济发展状况是过剩的，也即意味着该区域其实是技能型劳动力的输出区域。其实职业教育规模相对偏差率这一指标（相对于 GDP）也是衡量该区域技能型劳动力流动情况的指标。

表 8－8　区域职业教育指标分阶段平均值（2019 年）

阶段与区域	平均值				
	人均 GDP/万元	规模相对偏差率/%	中高职比值	高等教育普职比	高中阶段教育普职比
职业教育缩减期：北京、上海、天津	13.73	63.38	2.14	3.28	2.22
职业教育稳定期：江苏、吉林、广东、湖北、陕西、福建、浙江、山东、内蒙古、黑龙江、辽宁	7.75	13.87	1.64	1.02	2.35
职业教育上升期：西藏、重庆、江西、山西、湖南、四川、宁夏、新疆、甘肃、河南、安徽、河北、海南、云南	5.31	－36.36	1.10	0.90	2.03
职业教育培育期：贵州、青海、广西	4.61	－82.35	0.82	0.75	1.80

中高职比值：指标“中高职比值”的作用主要是判断职业教育层次结构中不同层次之间学生规模情况，在本研究中特指学校形态的中等职业教育与高等职业教育两个职业教育层次之间学生规模比值。从表 8 – 8 中可知，处于职业教育缩减期的区域平均中高职比值是 2.14，处于职业教育稳定期的区域中高职比值是 1.64，处于职业教育上升期的区域平均中高职比值是 1.10，处于职业教育培育期的区域平均中高职比值是 0.82。由此可见，中高职比值从培育期的 0.82，到缩减期的 2.14，比值变化的趋势是不断增加，说明处于职业教育发展培育期的区域职业教育层次结构是典型的金字塔形，到职业教育缩减期的区域已经演变为纺锤形了。职业教育发展阶段从培育期到缩减期，其层次结构的演变规模是清晰的：从金字塔形到纺锤形。

高等教育“普职比”：该指标是区域普通本科教育在校生数与高等职业教育在校生数的比值，显示的是我国第二次教育分流的结果。从表 8 – 8 中可知，处于职业教育缩减期的区域平均高等教育的“普职比”是 3.28，处于职业教育稳定期的区域平均高等教育的“普职比”是 1.02，处于职业教育上升期的区域平均高等教育的“普职比”是 0.90，处于职业教育培育期的区域平均高等教育的“普职比”是 0.75。由此可见，高等教育的“普职比”从培育期的 0.75 到缩减期的 3.28，高等教育的“普职比”变化的趋势是不断增加；说明随着职业教育发展阶段从培育期到缩减期的演变，高等教育中高等职业教育（专科层次）的比例在不断下降，普通高等教育（本科层次）在不断上升。

高中阶段教育“普职比”：该指标是区域普通高中在校生数与中等职业教育在校生数的比值，显示的是我国第一次教育分流的结果。从表 8 – 8 中可知，处于职业教育缩减期的区域平均高中阶段教育的“普职比”是 2.22，处于职业教育稳定期的区域高中阶段教育的“普职比”是 2.35，处于职业教育上升期区域的平均高中阶段教育的“普职比”是 2.03，处于职业教育培育期的区域平均高中阶段教育的“普职比”是 1.80。由此可见，高中阶段教育“普职比”从培育期的 1.80，到缩减期的 2.22，高中阶段教育的“普职比”变化的趋势似乎没有明显的规律可循。

以上分析了各项指标随着职业教育发展阶段的变化而变化的情况。下面对职业教育发展各个阶段的特征进行归纳。

8.3.1 职业教育缩减期的特征

处于职业教育缩减期的共有3个区域，分别是北京、上海、天津。这三个区域在人均GDP（万元）、规模相对偏差率%、中高职比值、高等教育“普职比”、高中阶段“普职比”等指标上表现出了很高的相似性。从规模相对偏差率来看，这三个区域以经济总量或者常住人口衡量，职业教育发展都“不足”，也就是技能型劳动力流入区域；“中高职比值”都是大于2，也就是说这三个区域的职业教育层次都是纺锤形结构；高等教育“普职比”较大，也就是说在高等教育中普通本科的规模要大于专科层次高等职业教育的规模。概括特征是：经济发达、职业教育层次结构呈纺锤形，高等教育层次重心较高，是技能型劳动力的流入区域。

8.3.2 职业教育稳定期的特征

处于职业教育稳定期的共有11个区域，分别是江苏、吉林、广东、湖北、陕西、福建、浙江、山东、内蒙古、黑龙江、辽宁。它们的中高职比值都大于1，换言之，这11个区域的规模相对偏差率比处于缩减期的区域小，属于技能型劳动力的流入区域；职业教育层次结构都处在从金字塔形向纺锤形演变的过程中，有些区域已经比较接近纺锤形了，同时高等教育“普职比”也比较大，也就是说在高等教育中普通本科的规模要大于专科层次高等职业教育的规模。概括特征是：经济比较发达，职业教育层次结构呈现从金字塔形到纺锤形演变的临界过程中，高等教育层次重心也较高，当中的部分区域也呈现出技能型劳动力的流入区域的特征。

8.3.3 职业教育上升期的特征

处于职业教育上升期的共有14个区域，分别是西藏、重庆、江西、山西、湖南、四川、宁夏、新疆、甘肃、河南、安徽、河北、海南、云南。这14个区域的规模相对偏差率比较小，属于技能型劳动力的流出区域；中高职比值接近1，职业教育层次结构是金字塔形；高等教育“普职比”较小，说明高等教育中普通本科的规模与专科层次高等职业教育的规模相差不大。概括特征是：经济欠发达，职业教育层次结构是金字塔形到纺锤形过渡的态势，高等教育重心低于职业教育稳定期与缩减期，是技能型劳动力流出区域。

8.3.4 职业教育培育期的特征

处于职业教育培育期的共有3个区域，分别是贵州、青海、广西。这3个区域的“规模相对偏差率”很小，属于典型的技能型劳动力的流出区域；中高职比值很小，职业教育层次结构是典型的金字塔形；高等教育“普职比”较小，高等教育重心低。概括特征是：经济落后，职业教育层次结构是典型的金字塔形，高等教育重心低，是技能型劳动力流出的典型区域。

特别需要说明的地方，职业教育发展阶段的划分与高等教育发展阶段划分一样，并不是这个具体的数字之前与之后就会有什么明显的变化，而是一个阶段到下一个阶段的过渡性的特征概括。

本研究进行我国职业教育发展阶段性判断的前提是我国已经初步构建了现代职业教育体系，目前全国的“普职比”已经大体相当，因此，在此大前提下，对各区域职业教育发展阶段的特征的认识是有可能的。应该承认，对我国区域职业教育进行发展阶段的划分是一项非常困难的工作，这个困难还不仅在于我国经济发展阶段的差异，主要是我国的职业教育发展，在政策层面一贯都没有考虑到各区域的地区差异。因此，在一刀切的政策之下，很多地区的指标是扭曲的，有些地区发展阶段演变的特征表现并不明显，甚至有相反的情况，因此，不仅需要进行理论分析，更要针对不同地区的实际情况进行分析。

对国家职业教育发展阶段的特征分析与区域职业教育发展阶段分析是不同的，主要是对于人力资源而言，国家是一个相对比较封闭的单位。虽然也有跨国劳务等情况，但是总体而言跨国劳务的比例是比较小的。对于同一个国家的不同区域而言，情况就不同了，劳动力跨区域流动是很常见的现象，我国不同的省份就有劳动力输出与输入之别，因此探讨区域职业教育特征必须考虑这个因素。

8.4 研究结论

我国的职业教育经过多年的快速发展，已经初步构建了规模庞大的现代职业教育体系，在目前规模发展已经达到一定程度的基础上，优化结构已经成为我国现阶段职业教育改革发展的重中之重。本书以我国区域中高等职业教育结构为研究对象，以广东省为例，深入研究了我国区域职业教育结构的现状，探究区域职业教育结构合理性判别的理论与方法，并在实证分析的基础上提出对区域职业教育结构优化的思考。

对区域职业教育结构的评价是本书绕不开的研究起点，要对职业教育结构进行评价，就需要有相应的标准，没有标准的评价是不可信的，这是研究区域职业教育结构合理性的逻辑原点。本书从经济学的供给与需求的分析视角构建了一个职业教育结构合理性的分析模型，从三个层面构建了区域职业教育结构合理性的评价体系。第一个层面是区域职业教育结构合理性评价的理论依据，一要符合人的全面发展的规律，二要适应并适度超前于经济社会发展的规律；第二个层面是区域职业教育结构合理性评价的理想标准，分别是职业教育规模供需均衡度和职业教育结构契合度；第三个层面是区域职业教育结构合理性评价的实践判据，共有三类指标，分别是区域职业教育相对偏差率、区域职业教育结构与经济发展适应度、职业教育层次结构比值。

对区域职业教育层次结构的研究表明：（1）我国整体职业教育层次结构是典型的金字塔形状，但是各个区域职业教育层次结构正经历着从金字塔形到纺锤形的演变过程，这个演变过程与人均地区生产总值的提高过程是一致的。（2）我国各区域高中阶段教育的“普职比”与人均地区生产总值没有明显的相关性。主要原因是我国高中阶段教育分流政策过于刚性，对各个经济发展程度差异很大的省份高中阶段教育的政策没有弹性空间，在全国统一的“大体相当”要求下，各个省份的高中阶段的教育“普职比”都逐渐靠近1，因此造成了我国各个区域的人居地区生产总值与当地教育的“普职比”没有明显的相关性的不合理的局面。（3）广东职业教育层次太低，与广东省经济发展程度相若的其他区域，职业教育层次结构都处于纺锤形区间，或者是金字塔形的特征不明显的区间，只有广东省仍然处于金字塔形特征比较明显的区间。

对区域职业教育规模与布局结构研究表明：（1）高等教育的发展阶段与职业教育的发展阶段是不重合的，具体表现为高等教育规模大的地区，职业教育规模一般比较小，高等教育规模比较大的地区，它的职业教育规模一般比较小。（2）广东省的职业教育总体规模与经济社会发展的需求基本吻合，职业教育资源分布是典型的以广州、深圳等珠江三角洲中心城市为中心的点状集聚型分布。

对区域职业教育专业结构研究表明：广东省职业教育的专业结构中存在的主要问题是教育中服务于第一产业与第二产业的专业大类的在校生比例偏少，服务于第三产业的专业大类的在校生比例偏多；目前广东职业教育专业结构时间纵向变化呈现出“等比例放大”的特征，也即是“存量决定增量”的增长方式，这说明各级教育主管部门对专业结构调整的意图并没有到位地落实下去。

本书在对区域职业教育布局结构、层次结构、专业结构研究的基础上，提出了我国区域职业教育发展阶段性的观点，并依据中高职比值、职业教育规模相对偏差率、普职比、人均 GDP 等分项指标的综合考量，将我国 31 个区域划分为职业教育培育期、上升期、稳定期与缩减期四个阶段。处于职业教育缩减期的共有 3 个区域，分别是北京、天津、上海；处于职业教育稳定期的共有 11 个区域，分别是江苏、吉林、广东、湖北、陕西、福建、浙江、山东、内蒙古、黑龙江、辽宁。处于职业教育上升期的共有 14 个区域，分别是西藏、重庆、江西、山西、湖南、四川、宁夏、新疆、甘肃、河南、安徽、河北、海南、云南。处于职业教育培育期的共有 3 个区域，分别是贵州、青海、广西。

对区域职业教育发展划分阶段的最大意义在于对处在不同发展阶段的区域，职业教育结构合理性的评价要适应阶段实际情况，处于不同职业教育发展阶段的区域，其职业教育总体规模、层次结构都有迥然不同的特征，同时处于不同发展阶段的区域，其职业教育发展目标也相应不同。职业教育缩减期的基本特征是：经济发达，职业教育层次结构呈纺锤形，高等教育层次重心较高，是技能型劳动力的流入区域。职业教育稳定期的特征是：经济比较发达，职业教育层次结构呈现从金字塔形到纺锤形演变的临界过程，高等教育层次重心也较高，当中的部分区域也呈现出技能型劳动力的流入区域的特征。职业教育上升期的特征是：经济欠发达，职业教育层次结构是金字塔形，高等教育重心低于职业教育稳定期与缩减期，是技能型劳动力流出区域。职业教育培育期的特征是：经济落后，职业教育层次结构是典型的金字塔形，高等教育重心低，是技能型劳动力流出的典型区域。

最后对我国区域职业教育结构优化进行评述。一是准确把握区域职业教育发展战略的阶段化的实质，也即是区域职业教育非均衡发展的本质；二是区域职业教育政策的区分度问题，普职教育的分流政策要根据区域在职业教育发展阶段中所处的位置而有区分度；三是促使区域职业教育结构调节方式的转变，主要是加快促使职业教育供需驱动模式的转换，畅通市场调节机制中的信号机制，促使市场调节发挥更大的作用。

本研究主要体现了两点创新：

（1）提出了我国区域职业教育发展阶段性的观点。将我国区域职业教育发展阶段划分为职业教育培育期、上升期、成熟期、缩减期四个阶段，并按照区域职业教育聚类分析结果与职业教育发展阶段性的特征，将我国31个省份、自治区、直辖市各区域划分为不同的职业教育发展的阶段，并提炼了四个职业教育发展阶段的层次结构、专业结构、技能型劳动力流动方向等典型特征。对区域职业教育发展划分阶段的最大意义在于对处在不同发展阶段的区域，职业教育结构合理性的评价要适应阶段实际情况。处于不同职业教育发展阶段的区域，其职业教育总体规模、层次结构都有迥然不同的特征，同时处于不同发展阶段的区域，其职业教育发展目标也相应不同，因此对不同区域职业教育发展的政策与策略应该也要有区分度，不宜忽视经济社会发展巨大差异，实行“一刀切”式的统一政策。

（2）构建了区域职业教育结构合理性的评价体系。提出了在区域职业教育供给与需求模型的基础上，从三个层面构建区域职业教育结构合理性的评价体系。第一个层面是区域职业教育结构合理性评价的理论依据，第二个层面是区域职业教育结构合理性评价的理想标准，第三个层面是区域职业教育结构合理性评价的实践判据。提出了三类指标作为区域职业教育结构合理性评价的实践判据，分别是区域职业教育相对偏差率、区域职业教育结构与经济发展适应度、职业教育层次结构比值。

第9章　评论与分析

本书第8章初步对区域职业教育发展阶段性的特征、区域职业教育结构演变规律进行了介绍，本章更进一步探讨如何在充分认识区域职业教育发展阶段性的基础上把握其结构发展的本质与特征，尤其是区域发展的阶段性对于处于不同发展阶段的区域职业教育的发展目标、相适应的政策等有何差异，对于这种阶段性在国家的政策层面需要有什么应对、区域职业教育结构调节的作用该如何发挥等方面进行探讨，从而从更深的层面上介绍区域职业教育结构演变的本质。

9.1　均衡与差异

我国区域职业教育发展处于不同的发展阶段已是一个不争的事实，那么区域职业教育发展的阶段性的本质究竟是什么，这是本节主要探讨的问题。

9.1.1　职业教育发展阶段性的本质

1. 我国区域经济发展的非均衡性分析

中华人民共和国成立70多年来，中国区域经济发展经历了由低水平的区域均衡发展到区域非均衡发展，再到强调区域协调发展的转变[87]。中国区域经济发展演变的历程，主要经历了以下三个阶段[187]：第一个阶段是重点发展内地、追求区域经济均衡发展的阶段（1949—1978年）。中华人民共和国成立之前，中国绝大部分地区处于落后的传统农业社会。中华人民共和国成立后，决策层积极探索和创新，逐渐形成并实施了重点发展内地、推进区域均衡发展的战略。在这一战略布局和政策引导下，国家不仅在内地特别是西部地区投入巨额资金，而且以行政指令方式将沿海地区的重要企业整体或部分向内地迁移，这在相当程度上改善了中国过去极不合理的区域经济布局，初步奠定了内地发展的经济基础。因此，这一阶段中国内地经济发展速度迅速提高，与沿海的差距有一定程度上的缩小。然而，区域均衡发展战略虽然对于改善中国区域生产力布局和加强内地经济基础起到积极的作用，却抑制了沿海地区的经济发展，使东部沿海地区在世界新技术革命挑战中丧失了机遇，加剧了中国与世界发达国家和地区的差距。第二个阶段是实施东部沿海优先发展、先富带动后富的区域非均衡协调发展战略阶段（1978—1990 年）。针对改革开放前实施区域均衡发展战略的弊端，改革开放后，中国区域经济发展的指导思想也发生了历史性的转折，提出了东部沿海优先发展的区域非均衡协调发展战略。1978 年 12 月，在中央工作会议上，邓小平提出了让部分地区先富起来并带动全国共同富裕的经济政策，由此，中国区域经济发展的指导思想由均衡发展向非均衡发展转变，区域发展战略的重点也相应地由向内地倾斜转变为优先发展东部沿海地区，通过东部沿海地区优先发展形成辐射示范作用，从而带动中西部地区经济共同发展。改革开放后的 10 多年，非均衡发展的区域战略造就了东部沿海地区经济核心区和增长极，东部沿海地区成为中国国民经济整体高速增长的支撑点和强大的“经济引擎”。第三个阶段是实施区域协调发展战略阶段（1991 年至今）。随着改革开放的不断推进，东部沿海地区受益于区域非均衡发展战略，取得了较快发展，但是区域发展不平衡的问题比较突出。从“八五”计划开始，促进区域经济协调发展被提升到国家战略高度，直到党的十九大报告提出“实施区域协调发展战略”，促进区域协调发展成为中国区域发展的基本方向[187]。我国区域经济发展目前正处在非均衡阶段向协调发展的过渡阶段，目前区域经济发展的非均衡性特征仍然十分显著，实现区域协调发展仍然任重道远。

2. 区域经济的非均衡发展与职业教育的关系

与其他教育相比，职业教育具有鲜明的地方性。职业教育的地方性特点是由职业教育的培养目标所决定的。职业教育所培养的是经济建设

所必需的中初级技术人员、管理人员、技术工人。区域经济学的研究显示，这一层次的劳动力基本上是一种地区性的生产投入要素，在广阔的地域空间上，这种要素虽然有所流动，但流动是非常有限的，因为劳动力的供给行为具有就近供给特点。有关实证研究早已证明，劳动力的流动率与教育程度、职业地位、技能水平成正相关。一般来说，受过普通高等教育的专业人员的流动率要高于受过职业教育的人员和普通工人的流动率。正因为如此，职业教育培养出来的庞大的劳动大军，从某种意义上说是地方经济建设的主力。因此，发达的区域经济离不开发达的区域职业教育，职业教育的地方性决定了职业教育走区域发展道路的必然性[188]。

综上所述，由于职业教育具有鲜明的地方性特点，职业教育发展阶段性的本质是由区域经济发展的非均衡性所决定的。区域经济发展的非均衡性导致了区域职业教育发展的非均衡性，区域职业教育发展的非均衡性所呈现出的特点就是发展的阶段性。在一定的经济发展阶段，职业教育发展的阶段性特点与地方经济的非均衡发展的相关关系是成立的。我国区域之工业化进程的差距巨大，有处于工业化后期的区域，同时还有徘徊在工业化起步阶段的区域。区域经济是区域职业教育得以发展的基础，职业教育发展的差异性正是反映了我国区域经济发展的状况。区域经济发展的非均衡性是客观存在的，区域职业教育发展的非均衡性也是客观存在的。在同一个时期内，不同区域职业教育的阶段性的、不平衡的发展是必然的、不以人的意志为转移的，符合不平衡发展是经济社会发展的基本形态的科学论断，在职业教育发展实践中，齐头并进式的发展是不客观的。

9.1.2　职业教育发展的阶段性的合理梯度分析

由前文的研究可知，我国区域职业教育的发展呈现出阶段性的特征，而且这个阶段性与人均 GDP 密切相关，随着人均 GDP 的上升，职业教育的发展也经历着从培育期、上升期、稳定期到缩减期的发展。促使区域职业教育均衡发展有必要性与现实意义，区域职业教育均衡发展与区域经济社会均衡发展是互为基础、互为条件的，区域职业教育均衡发展是构建我国职业教育体系的客观要求，区域职业教育均衡发展是符合区域职业教育自身发展规律的。从区域职业教育系统内部各组成部分的协调发展看，区域职业教育发展不平衡影响区域职业教育的可持续发展。促进区域职业教育均衡发展具有现实意义。

但是这种非均衡性如果持续性地扩大，则不利于社会的进步与发展。理由如下：（1）区域职业教育不平衡导致区域职业教育资源的不合理流动，即职业教育资源从弱势区域流向强势区域，不利于弱势区域的发展；技能型人才大量从职业教育发展处于上升期或者稳定初期的区域向职业教育处于缩减期或者是稳定期的区域流动，给技能型流出区域的人才培养与储备带来挑战，不利于人力资源配置的区域优化，也不利于流出区域的经济发展，因而加大区域经济发展的差距。（2）对于技能型人才流入的区域，长期依赖于流入的技能型人才，可能在一定程度上抑制本区域人才培养，例如，广东是制造大省，但是广东本地培养的制造业人才不论高职还是中职，数量都远远不够，可能的原因就是这些年广东借助改革开放的先发优势，吸引了内地大量的制造业人才，但是从 2008 年金融危机之后，广东对技能型人才的吸引力日益减弱，而本土的培养能力又不够，因此，珠三角的技工荒已经持续多年。（3）区域职业教育发展非均衡发展影响了职业教育自身的可持续发展，给我国整体职业教育的发展带来危害。由此分析可知，区域职业教育发展的阶段性是合理的，也是不可避免的，由此带来的问题，包括这个阶段性的时间长短如何，阶段性的合理梯度是多少，是需要进一步深入研究的。

9.2 政府与市场

对区域职业教育结构调节的方式主要有政府调节与市场调节，正如本书第 4 章中的分析，政府调节与市场调节各有适应的范围。在我国区域职业教育发展阶段性差异非常大的背景下，如何合理运用这两种调节方式是至关重要的。因此本节从我国职业教育供求驱动模式的转变、政府调节方式的改进、职业教育管理体制的理顺等角度进行分析。

9.2.1 我国职业教育结构调整的传导机制的变化

职业教育产品也属于教育产品中的一个分类，它具有教育产品的所

有特征，但是又具有不同于一般教育产品的属性。学界的共同观点是教育产品属于混合产品，也就是准公共产品[89]，教育产品的私人属性体现在接受教育能使受教育者增加知识与能力，教育产品的公共属性体现在受教育者在接受教育之后对社会是有益的[89]。其中基础教育的公共属性更强，高等教育的私人属性更强。

具体到职业教育而言，本书研究的职业教育包含中等职业教育与高等职业教育，中等职业教育属于高中阶段的教育，高等职业教育属于高等教育。从教育产品的属性来看，中等职业教育的公共产品属性更强一些，尤其是近年来我国对于中等职业教育的免学费政策，也是基于对中等职业教育阶段的公共产品属性的考虑。尽管这个阶段的教育的公共属性很强，但是在目前的经济社会发展阶段，高中阶段教育还不能归为公共产品，因此，中等职业教育与高等职业教育都属于混合产品。

1. **市场驱动与政府驱动的异同**

对我国目前职业教育供给和需求的状况判断是至关重要的，它关系到职业教育供给与需求模型研究的内容和结果与我国区域职业教育的现实的吻合度的问题。职业教育的产品属性是探讨职业教育供给问题的逻辑起点，也是决定政府和市场在职业教育供给中如何进行准确定位的重要理论依据。

职业教育的供给与需求的调控机制也有两种驱动方式：基于政府调节的供给驱动型与基于市场调节的需求驱动型[90]。基于政府调节的供给驱动型的职业教育模式的特征分析如下：随着工业化阶段的发展，对技能型人才需求进一步增加，仅仅依靠传统的学徒培训不能满足企业的需求，建立和完善正规的职业教育体系是需要的。在供给驱动的模式下，政府和职业教育院校更多地关注供给问题，对市场的需求问题关注不够，因此这种模式可能造成技能供给与需求不匹配。因此，供给驱动模式的主要问题是刚性的规划与动态的市场需求之间往往不匹配[90]。基于市场调节的需求驱动型的职业教育模式的特征分析如下：由于供给驱动型的职业教育模式对学生的就业能力缺乏关注，毕业生失业的现象增加，于是对供给驱动模式有质疑之声。同时，职业教育的另外一种模式——需求驱动型模式逐渐进入视野，这种模式的基本思想是职业院校要根据市场的需要提供技能培养[90]。在需求驱动的职业教育模式下，职业教育院校的办学自主权更大了，对市场的灵敏程度也提高了，同时私营的职业教育机构所占的比例也在增大。这种模式显现出在调节供需均衡方面的优势。

2. **对我国职业教育驱动模式的判断**

通过对供给驱动型与需求驱动型的职业教育供需模式的特征分析可知，随着社会阶段的发展，从供给驱动型向需求驱动型转变的动因是供给驱动型造成了技能供给与需求不匹配，是社会对供需模式的一种调节方式的变换。

分析我国职业教育发展的驱动模式，基本的判断是我国职业教育体系正在经历由供给驱动型向需求驱动型转变的过程。这两个模式的划分的标志性的事件是大中专毕业生包分配的政策取消。分析我国的大中专毕业生就业的过程，其实可以清晰地划分供给驱动与需求驱动的界限。在我国实行大中专毕业生就业包分配、免学费的政策下，教育的供给者是不需要考虑毕业生的工作问题，因此也不需要十分关注社会的需求，这个阶段的职业教育是完全的供给驱动型；国家取消包分配、免学费的政策之后，职业院校培养的毕业生有求职与择业的过程，这个其实是与社会对接的过程，职业教育结构是否合理、职业教育的质量高低等问题都在毕业生的就业环节中得到反馈。

按照以上的原则，可以将我国职业教育的驱动模式划分为两个阶段。

（1）典型的职业教育供给驱动阶段。从中华人民共和国成立到1978年改革开放前，我国职业教育体系是以中等职业教育为主的，这个阶段的职业教育是以供给驱动型为特征的，实行的是包分配、免学费的政策，因此是典型的供给驱动型模式。

从1978年到1996年，也是典型的中等职业教育与高等职业教育的供给驱动阶段。这个阶段仍然实行包分配、免学费的政策，但是由于随着市场经济的发展，以供给为主的专业教育体系不能有效反馈企业与社会的需求，出现了职业教育的毕业生与社会的需求脱节的情况。

（2）职业教育从供给驱动向需求驱动过渡阶段。过渡阶段的标志性

事件就是国家包分配与免学费政策的取消。从1996年开始，我国高等教育毕业生分配制度从国家“包分配”“免学费”的局面，过渡到“供需见面、双向选择”，并逐步实现建立人才市场、毕业自主择业。随着2000年“不包分配、竞争上岗、择优录用”的新机制全面出台，我国从2000年起毕业生包分配、免学费的政策完全取消了。我国的职业教育发展模式正式进入由供给驱动向需求驱动的过渡阶段。

职业教育供给驱动模式的主要特征是政府调节，需求驱动模式的主要特征是市场调节。按照本书第4章中对于职业教育驱动模式的分析，基本的判断是我国职业教育体系正在经历由供给驱动型向需求驱动型转变的过程，这两个模式转换的标志性事件是我国大中专毕业生包分配的政策的取消。国家取消包分配、免学费政策之后，高等教育与职业教育培养的毕业生要有求职与择业的过程，这其实就是教育与社会对接的过程。职业教育结构是否合理、职业教育的质量高低等问题都应在毕业生的就业环节中得到反馈，并因此对职业教育规模、结构等进行反馈性、约束性的调节。

我国目前职业教育供求驱动模式正处在从供给驱动模式向需求驱动模式转变的过程中，市场对职业教育结构调节的反馈机制发挥的作用是至关重要的，所以目前存在的市场反馈信号的传导信号是否有效、机制是否健全是关键。

9.2.2 市场调节对我国职业教育结构调整的影响分析

“就业率”是职业教育需求驱动模式中，职业教育规模结构依据社会与市场的反馈而调节的“信号”。目前我国职业院校毕业生的就业数据的信号作用发挥不足，也就是说就业对职业教育规模结构的反馈性与约束性的调节作用发挥不足，简言之就是在职业教育结构调整过程中，来自市场反馈的传导信号与机制不畅通。分析主要原因有以下几点：

一是就业统计粒度太大。目前在职业教育毕业时就业统计过程中最后反馈出来的，具有可比性的指标只有就业率，而就业率是个太粗放的指标，并不能准确反映区域职业教育规模层次、专业结构等问题，不论是广东省还是全国性的就业率，不论是中等职业教育或者是高等职业教育，不论是什么专业，公布的就业率都是非常高的，基本都在90%以上，已经丧失了这个指标反映问题的能力。笔者试图从另外的角度理解这个就业率问题。在目前劳动力普遍短缺的大环境下，年龄在18—22岁之间，没有接受职业教育的普通劳动者尚且可以供不应求地就业（从珠三角蔓延数年的普工招工难可见一斑），何况是已经接受数年职业教育的毕业生。即使他们接受的职业教育是低质量的，或者接受的职业教育专业是与社会需求脱节的，作为正值劳动能力旺盛的青年，仍然可以就业，关键的问题是他（她）就的是什么业，是否学有所用，他（她）接受的数年的职业教育是否对他（她）的人力资本有应得的增值，这是值得深入研究的。二是就业率的统计来源单一，由各级职业院校自己统计，由各级教育主管部门发布的就业率来源单一，目前在社会的可信度已经受到越来越大的质疑。这个问题不仅引起社会的普遍关注，也已经在学界持续讨论多年。近年来开始引入麦克思等第三方的教育评价机构，由第三方经抽样调查发布的就业数据正在逐步改变目前的情况。

基于以上分析可知，在职业教育结构调整中，来自市场反馈的传导“信号”没有发挥出应有的足够作用。

9.2.3　区域职业教育的合作与统筹

按照本书对我国区域职业教育发展阶段化的研究结论，我国区域职业教育的发展分为培育期、上升期、稳定期与缩减期。从技能型人才流向的角度进行粗略划分，职业教育培育期与上升期的区域是属于流出区域，稳定期与缩减期的区域属于流入区域。由此可见，只要我国经济发展的区域差异存在，区域职业教育之间的合作就是必要的。

我国在职业教育区域合作方面有一系列的文件，有学者对此进行了梳理，“从1998年2月教育部颁布的《关于加快中西部地区职业教育改革与发展的意见》中明确提出鼓励东部地区与中西部地区之间积极开展多层次多形式的职业教育交流与合作，直到2010年教育部颁发的职教三年行动计划中将职业教育资源整合、统筹城乡区域间协调发展作为一个重要的任务”[98]，虽然从政策层面不断推动区域职业教育合作的工作，但是这一系列的区域职业教育合作办学的政府指引性的调节，其主体仍

然是区域层面的，尽管这些区域合作政策都发挥了应有的作用。目前区域职业教育合作在对口招生、联合办学等方面虽然有一定成效，但是作为整个国家区域之间的职业教育合作，目前的层级仍然是太低了，缺乏在宏观顶层设计方面的合作框架与统筹力度。对于流出地而言，在缺乏强有力的产业支撑下，提高职业教育办学质量是力不从心的；对于流入地而言，在技工荒、招工难面前也是无奈的。因此，加大国家层面对职业教育区域合作的统筹力度是有必要的。

我国经济经过多年的高速发展后，各地区的经济发展差异很大，因此，职业教育以省级统筹为主的模式需要我们谨慎反思，以免经济落后地区在职业教育领域也一直落后。建议加大国家层面对职业教育领域的统筹。

9.3 目标与政策

9.3.1 区域职业教育发展目标的阶段化

按照本书对我国区域职业教育发展阶段化的研究结论，我国区域职业教育发展的目标该依据不同的发展阶段而不同。区域职业教育发展目标的阶段化表现在以下的两个方面，一是规模与布局目标的阶段化，二是层次结构目标的阶段化。

1. 区域职业教育规模发展目标的阶段化

对于这个问题的讨论，分为两个步骤：第一是目前我国区域职业教育规模的特征；第二是在可以预期的将来，区域职业教育规模的目标。

第一，我国区域职业教育规模的特征。我国职业教育规模在不同区域所呈现的特征是：处于职业教育发展培育期与上升期的区域每万常住人口中的职业教育在校生是相对过剩的，处于职业教育缩减期的区域每万常住人口中的职业教育在校生是相对不足的；换言之，随着经济发展程度的提高，区域中每万常住人口中职业教育在校生是逐渐递减的。

第二，我国区域职业教育规模的阶段性目标。按照区域中每万常住人口中职业教育在校生数来衡量，我国区域按照所处的发展阶段不同，职业教育规模的目标是不同的。具体而言，处在职业教育缩减期的区域，从发展规模上来看，职业教育在校生规模是逐渐平稳而缓慢下降的；处在职业教育稳定期与上升期的区域，职业教育在校生规模是保持平稳的，其趋势是在到达峰值之前会缓慢增长，在逐渐到达峰值后会缓慢下降；处在职业教育培育期的区域，职业教育的规模会处在上升状态中。因此，处于不同发展阶段的区域，职业教育规模发展的目标是不同的。

各个省份在制定本省职业教育发展规划时，要充分考虑到本省职业教育发展所处的状态，科学制定规模发展的目标。目前我国各个省份在职业教育发展规划中，对于职业教育的规模发展目标的表述是缺乏精确定位的。

如果对比职业教育培育期与缩减期的区域，职业教育在校生的规模情况有一定的相似情况，就是相比于常住人口而言，这两类区域都会呈现出“不足”的状态。值得注意的是，这两类区域在职业教育发展中的两极，规模不足的状态的原因与结果都是不同的。在职业教育培育期的区域，由于经济欠发达，产业结构比较单一，大部分是第一产业比重较大，对技能型劳动力的有效需求不足，因而职业教育呈现出发展缺乏产业支撑的状态，规模也小；在职业教育缩减期的区域，由于经济发达程度高，随着产业结构的提升，对技能型劳动力的需求也呈现出较高的要求，同时，由于该区域经济发达，对技能型劳动力有强劲的吸引力，属于技能型劳动力的流入区域，在这两方面因素的共同作用下，该区域本土的教育结构重心提升，高等职业教育的发展比中等职业教育的发展得到了更大的关注，同时在教育分流中，普通高中与普通高等教育中的本科层次更受欢迎。虽然说这两类区域在职业教育发展过程中有些指标是相似的，但是其实质性的含义是不同的，我们也可以说这些相似的指标，是一种更高层次上的回归。

2. 区域职业教育层次结构发展目标的阶段化

按照本书对我国区域职业教育发展阶段化的研究结论，我国区域职业教育层次结构发展的目标该依据不同的发展阶段而不同，具体而言，要遵循以下的原则：

（1）区域职业教育层次结构的发展目标应顺应从金字塔形到纺锤形的发展趋势。从本书第 5 章的研究可知，我国整体职业教育层次结构是典型的金字塔形状，但是各个区域职业教育层次结构正经历着从金字塔

形到纺锤形的演变过程，这个演变过程与人均地区生产总值的提高过程是一致的。全国共有6个区域处于“纺锤形”区间，分别是天津、湖北、上海、北京、辽宁、黑龙江；共有11个区域虽然正处在金字塔形区间中，但是金字塔的特征已经不明显了，分别是江苏、陕西、吉林、浙江、西藏、江西、山东、重庆、内蒙古、湖南、山西；共有13个区域属于是典型的金字塔形，分别是河北、新疆、广东、河南、甘肃、四川、福建、安徽、宁夏、海南、贵州、广西、云南。这3类区域大致有个特点，就是处于纺锤形的区间的，多数是经济比较发达的区域；处于典型的金字塔形区间的，基本都是经济欠发达区域。因此，区域职业教育层次结构的阶段性目标要基本符合这个演变规律，尽管这个演变过程是缓慢的，也不是直线的，但是从趋势上来看，不论是区域职业教育发展的短期目标或者是长期目标，都要符合这个发展规律。

（2）区域职业教育层次结构的发展目标应与经济发展程度相吻合。从本书第5章的研究可知，从全国范围比较的角度看，从经济欠发达区域，到经济比较发达的区域，再到经济非常发达的区域，职业教育层次结构也从典型的金字塔形到纺锤形在缓慢演变。因此，区域职业教育层次结构的发展目标应该与该区域的经济发达程度相吻合，与经济发展阶段脱节的职业教育层次结构形态都是不合理的。

综上所述，整体而言，目前我国职业教育重心提升是大势所趋，各个区域所处的发展阶段不同，职业教育层次结构发展的目标也不同。在职业教育培育期、上升期的区域，职业教育层次结构呈现出典型的金字塔形状，将来的演变趋势是向纺锤形过渡。因此处于这个阶段的区域要逐步增加高等职业教育的规模，稳定中等职业教育的规模；在职业教育稳定期的区域，职业教育层次结构呈现出一定的纺锤形的特征，或者是向纺锤形演变的趋势，因此，处于这个阶段的区域，在职业教育层次结构的目标是保持目前结构形态，并逐步扩大高等职业教育规模，逐步提高职业教育层次重心；在职业教育缩减期的区域，职业教育层次结构是明显的纺锤形结构状态，中等职业教育处于不断萎缩的状态，教育重心在不断上移，因此，处于这个阶段的区域，职业教育层次结构的目标就应该是顺应这个发展趋势，大力发展普通高等教育，促进职业教育与普通教育融合。

9.3.2 区域职业教育发展政策的阶段化

按照本书对我国区域职业教育发展阶段化的研究结论，我国区域职业教育发展的政策应该依据不同的发展阶段而有所不同。区域职业教育政策制定的依据是国家的职业教育政策；区域职业教育政策是国家区域教育政策在本地区的延伸和具体化。国家职业教育政策是针对全国职业教育和经济社会发展的情况而制定的，相对各个区域而言，针对性并不强，甚至有的政策会不适合某一个区域；我国职业教育的办学权限基本在区域的省、市级，但是职业教育发展的顶层设计的政策权限仍在教育部，例如关于高中阶段的普职教育分流、高等教育阶段的普职教育分流等政策，仍然不是区域所能决定的。因此，区域职业教育发展政策的阶段性应表现在以下的两个方面，一是普职教育分流政策的区分度，二是区域中高等职业教育定位要适应其发展阶段。

1. 我国普职教育分流政策应具有区分度

普职教育的分流政策决定着职业教育的层次结构，职业教育的层次结构与经济发展程度密切相关，因此普职教育的分流政策要根据区域在职业教育发展阶段中所处的位置而有所不同，简言之就是区域普职教育分流政策应具有区分度，不应不顾各区域经济发展程度差异巨大、教育结构差异巨大的情况，实施全国各区域统一的普职分流政策。

对于我国高中阶段教育的“普职比”保持“大体相当”相关政策的简明梳理如下：1985 年《中共中央关于教育体制改革的决定》首次提出“使大多数地区的各类高中阶段的职业技术学校招生数相当于普通高中的招生数”；之后在 1991 年的《关于大力发展职业技术教育的决定》、2002 年的《国务院关于大力推进职业教育改革与发展的决定》，以及 2005 年的《国务院关于大力发展职业教育的决定》，直至 2010 年的《国家中长期教育改革和发展规划纲要》中都明确要求我国今后一段时期高中阶段的普职比大体相当的政策目标。目前，全国各个省份纷纷将高中阶段教育的“普职比”保持大体相当作为政府专项督导项目进行刚性执行与问责。

本书提出应根据区域经济社会发展程度，适时调整高中阶段教育的“普职比”的理由有三点。第一，在国家层面保持高中阶段“普职比”大体相当只是一个发展阶段的宏观把握，并不能具体化为各个省份的执行目标。高中阶段职业教育的发展本应与当地的经济发展密切相关，本研究对我国各个省份（直辖市、自治区）的人均地区生产总值与当地教育的“普职比”分析表明，两者之间没有明显的相关性，不论是如广东、江苏这类经济相对发达的省份，还是如甘肃、宁夏等经济相对欠发达的省份，教育分流中的“普职比”都在“大体相当”的要求下尽力靠近 1，这种状况显然不符合职业教育规律。第二，国际教育领域对这个问题一直有争议，部分学者认为“从体制上讲，在高中阶段的大规模分流对于世界上许多国家已经是过去式了”。第三，从 1985 第一次提出高中阶段教育“普职比”大体相当的政策要求至现在，已经过去了近 20 年，我国的高等教育的毛入学率已经从 1985 年的 2.91%，增长至 2013 年的 30%，现在仍然坚持高中阶段教育的“普职比大体相当”的政策目标，显然违背了高等教育规模与中职教育规模之间的发展变化规律。对于处于不同经济社会发展阶段的省份区域，对于高中阶段教育的“普职比”应适时调整。

2. 区域中高等职业教育定位的合理性

我国的职业教育经过多年的高速发展，目前的情况与多年前已经有很大的不同，因此，需要对中等职业教育与高等职业教育再一次明确定位。明确定位的含义有三层：第一层，我国的教育学制中有两次主要的教育分流，第一次是高中阶段的分流，第二次是高等教育的分流，分流后进入职业教育轨道的个体的定位主要是面向就业，不论是中等职业教育还是高等职业教育，尽管对于技能与技能的理解有差异，如姜大源（2011）认为中职与高职分别培养的是“经验层面的技能和策略层面的技能”[3]，但是对于培养目标的就业取向是明确的；第二层，如果大部分的中等职业教育毕业生的后续目标不是就业，而是升入高等职业教育，那么是否可以判断我们的教育分流并不成功，是否需要调整第一次教育分流中“普职比”的比例；第三层，明确职业教育的就业取向与构建职业教育体系中的中高职衔接并不矛盾，教育部于2006年《关于编报2006年普通高等教育分学校分专业招生计划的通知》（教发〔2006〕14号）中通过限制升学比例的措施，宏观上纠正偏离职业教育办学目标的情况，规定了“各地安排高职院校对口招收中等职业教育应届毕业生的规模不得超过当年本省（区、市）中等职业学校应届毕业生的5%”，“各地普通专升本教育的招生规模要严格控制在当年省属高校高职（专科）应届毕业生的5%以内”。后来的事实证明这两个5%的限制弊端很大，后来各地尝试多方式的衔接方式，现在基本没有明确的比例限制，但是中高职的衔接并不能大面积地推广，只能是对于分流进入职业教育轨道的学生的一个补充，一个选择，但肯定不是主流的选择。中高职衔接的困难也不能忽视，因为中等职业教育的培养目标主要不是为升入高一级教育做准备的，目前整个班级建制的高职班整体升入本科，整个班级建制的中职班整体升入高职，笔者认为是不符合职业教育规律的，这样的做法与教育分流、中高职衔接、构建我国职业教育立交桥的初衷是不吻合的。

以上关于中等职业教育培养定位的讨论，促使我们反思我国目前事实上的“一刀切”的高中阶段普职比“大体相当”制度的合理性；通过对区域职业教育的规模与布局结构、层次结构与专业结构的研究，得出我国区域职业结构发展处于不同发展阶段的基本结论。本章对我国区域职业教育结构优化的理性思考分为两个部分：一是准确把握区域职业教育发展战略的阶段化，包括区域职业教育发展阶段性的本质是区域职业教育发展的非均衡性，以及我国区域职业教育层次结构发展的目标该依据不同的发展阶段而不同，包括规模目标、层次目标都不应是没有区分度的，而应根据不同的区域而有区别；二是区域职业教育政策的区分度问题，普职教育的分流政策要根据区域在职业教育发展阶段中所处的位置而有所不同，简言之就是区域普职教育分流政策应具有区分度，不应不顾各区域经济发展程度差异巨大、教育结构差异巨大的现实，而实施全国各区域统一的普职分流政策；三是促使区域职业教育结构调节方式的转变，主要是加快促使职业教育供需驱动模式的转换，畅通市场调节机制中的信号机制，促使市场调节发挥更大的作用。

参考文献

[1] 石伟平. 经济转型期中国职业教育的历史使命 [J]. 中国职业技术教育，2014 (21)：13 – 17.

[2] 陈明昆. 中国经济转型期职业教育可持续发展研究 [D]. 天津：天津大学，2010.

[3] 王全旺，周志刚. 我国职业教育 30 年历史回顾与发展策略研究：劳动力市场视角 [J]. 职业技术教育，2009 (16)：20 – 24.

[4] 米靖. 现代职业教育支撑我国实体经济转型升级的路径研究 [J]. 中国职业技术教育，2020 (28)：18 – 28.

[5] 朱德全. 职业教育促进区域经济高质量发展的战略选择 [J]. 国家教育行政学院学报，2021 (5)：11 – 19.

[6] 姜大源. 现代职业教育体系构建的理性追问 [J]. 教育研究，2011 (11)：70 – 75.

[7] 姜大源. 现代职业教育与国家资格框架构建 [J]. 中国职业技术教育，2014 (21)：24 – 28.

[8] 肖凤翔，薛栋. 我国现代职业教育体系研究的现状及思考 [J]. 中国职业技术教育，2012 (24)：28 – 31.

[9] 黄尧. 推进现代职业教育体系建设的政策建议 [J]. 职业技术教育，2012 (33)：22 – 25.

[10] 杨金土. 我国职业教育的今天、明天和后天：对“职业教育科学发展”的理解 [J]. 宁波职业技术学院学报，2012 (3)：1 – 7.

[11] 张军平. 终身教育理念下现代职业教育体系构建模式与完善路

径［J］. 中国职业技术教育，2019（3）：37－40.

［12］刘任熊，黄利文. 构建现代职业教育体系的探索［J］. 中国高等教育，2020（6）：60－61.

［13］田静，石伟平. 从摇篮到生涯：类型化改革背景下现代职业教育体系之思考［J］. 职教论坛，2021，37（1）：6－12.

［14］杨磊，朱德全. 我国现代职业教育体系建设：新业态、新问题、新路向［J］. 云南师范大学学报（哲学社会科学版），2020，52（6）：142－152.

［15］孙芳芳，吴楠，王剑锋. 我国现代职业教育体系建设的实践检视与推进路向［J］. 职教论坛，2021，37（5）：6－11.

［16］陈衍. 中国职业教育规模国际竞争力比较分析［J］. 清华大学教育研究，2010（5）：108－115.

［17］张宁. 从世界职业教育发展历程看中国职业教育发展［J］. 教育研究，2009（2）：97－102.

［18］姜大源. 中国职业教育发展与改革：经验与规律［J］. 职业技术教育，2011（19）：5－8.

［19］岳金凤，于志晶，刘海，等. 中国职业教育距离“世界水平”还有多远：与 OECD 国家的比较［J］. 职业技术教育，2018，39（9）：6－13.

［20］庄西真. 区域构建现代职业教育体系：为何与何为［J］. 职教论坛，2013（4）：15－18.

［21］丁红玲. 非均衡发展：职业教育区域结构优化的必然选择［J］. 教育理论与实践，2005（7）：5－7.

［22］王剑，吕一中. 我国职业教育的区域结构特征研究［J］. 中国职业技术教育，2013（12）：30－33.

［23］董仁忠. 区域职业教育政策探析［J］. 职业技术教育，2013（13）：11－15.

［24］郭扬，张建华. 区域职业教育均衡发展的基础与背景［J］. 职教论坛，2011（25）：18－21.

［25］胡秀锦. 区域职业教育合作模式与实现机制研究［J］. 教育发展研究，2012（19）：45－48.

［26］董刚. 协同理论视角下区域职业教育发展机制研究［J］. 职教论坛，2020，36（11）：140－145.

［27］马树超，郭扬，张建华. 区域职业教育均衡发展的理论思考和各地努力程度分析［J］. 教育与职业，2011（29）：18－21.

［28］马树超. 中等职业教育区域均衡发展的成绩、问题和对策［J］. 教育研究，2011（5）：52－56.

［29］朱德全. 中国职业教育发展的均衡测度与比较分析：基于京津沪渝的实证调查［J］. 教育研究，2013（8）：70－81.

［30］林克松，朱德全. 区域职业教育发展路径选择的悖论及消解［J］. 中国职业技术教育，2013（18）：18－20.

［31］林克松，朱德全. 职业教育均衡发展与区域经济协调发展互动的体制机制构建［J］. 教育研究，2012（11）：102－107.

［32］胡斌武，叶萌，庞尧，等. 中等职业教育发展的均衡性与效率性实证检验：基于省际面板数据的分析［J］. 教育研究，2017，38（3）：75－82.

［33］潘海生，翁幸. 我国高等职业教育与经济社会发展的耦合关系研究：2006—2018 年 31 个省份面板数据［J］. 高校教育管理，2021，14（2）：12－23.

［34］李少元. 教育结构学［M］. 沈阳：辽宁教育出版社，1988.

［35］齐亮祖，刘敬发. 高等教育结构学［M］. 哈尔滨：黑龙江教育出版社，1986.

［36］郝克明，汪永铨. 中国高等教育结构研究［M］. 北京：人民教育出版社，1987.

［37］文雯，李乐夫，谢维和. 中国高等教育大众化初期学科结构变化的主要特点与实证分析［J］. 中国高教研究，2007（3）：52－56.

［38］李乐夫，文雯，谢维和. 中国高等教育大众化进程中的结构分析：1998—2004 年的实证研究［M］. 北京：教育科学出版社，2007.

[39] 孙凤，谢维和. 大学毕业生就业的需求约束：市场经济中大学毕业生就业问题的研究 [M]. 北京：教育科学出版社，2011.

[40] 马延伟，戴潜挺. 改革开放以来我国中等教育结构调整政策演变分析 [J]. 职教论坛，2018 (11)：24 – 28.

[41] 曹晔. 普及高中阶段教育：中等职业教育的时空贡献 [J]. 河北师范大学学报 (教育科学版)，2019，21 (3)：65 – 74.

[42] 李小娃. “职普比例大体相当”的政策演变、阶段特征及改革 [J]. 职业技术教育，2021，42 (9)：27 – 32.

[43] 董泽芳，李晓波. 试析我国高等教育分流中的结构失衡问题 [J]. 教育研究，2003 (10)：27 – 30.

[44] 许玲. 我国高等职业教育规模与经济增长关系的实证研究：基于 1992—2010 年的数据分析 [J]. 高教探索，2013 (5)：135 – 138.

[45] 迟景明，何晓芳，程文，等. 高等教育层次结构与经济发展关系的实证研究 [J]. 教育与经济，2010 (1)：1 – 5.

[46] 何晓芳，迟景明，李霞朱，等. 1998—2007 年中国高等教育层次结构变迁研究 [J]. 高教探索，2010 (3)：45 – 48.

[47] 刘志林. 高等教育层次结构与社会经济发展关系分析 [J]. 高等工程教育研究，2019 (5)：120 – 126.

[48] 陈春平，胡何琼. 我国高等教育层次结构优化与经济发展的关系研究：基于 2000—2019 年的数据分析 [J]. 当代教育论坛，2021 (3)：12 – 18.

[49] 谭诤，刘洋，涂鹏. 近 20 年来我国普通高等教育规模演进特点及其弹性系数的考量 [J]. 江苏高教，2021 (1)：57 – 63.

[50] 刘新华，王冬琳，王利明，等. 我国职业教育层次结构与生产力发展水平关系的实证研究 [J]. 中国高教研究，2013 (4)：93 – 96.

[51] 张宁东，蓝洁. 高等职业教育层次上移现实与前瞻 [J]. 教育与职业，2012 (18)：5 – 8.

[52] 杨海燕，李小花. 发达地区职业教育层次结构重心上移的实证研究：以北京市医药类职业教育层次结构变化为例 [J]. 中国人民大学

教育学刊，2014（1）：129－132.

[53] 胡茂波，谢丽丽，袁飞. 中国技能型人力资本对经济增长的贡献率及提升策略：基于1995—2014年统计数据的分析［J］. 职业技术教育，2018，39（1）：50－54.

[54] 郭扬. 论职业教育专业设置的综合化趋势［J］. 职业技术教育，2001（4）：12－15.

[55] 高松. 关于职业教育特性及职业院校专业设置问题的思考［J］. 职教论坛，2012（12）：52－56.

[56] 王志伟. 论高职院校专业设置与专业建设［J］. 教育与职业，2020（4）：34－40.

[57] 刘晓，钱鉴楠. 职业教育专业建设与产业发展：匹配逻辑与理论框架［J］. 高等工程教育研究，2020（2）：142－147.

[58] 杨璐，邓华. "十四五"时期高职院校专业设置与发展探究［J］. 教育与职业，2021（10）：60－63.

[59] 李文，许艳丽. 工作世界的变革与"智能＋职业教育"的应对［J］. 高等工程教育研究，2021（2）：169－175.

[60] 张海水，胡瑞文. 我国中等职业教育发展状况与转型研究［J］. 教育与职业，2014（1）：11－14.

[61] 韩永强. 我国中等职业教育发展及其影响因素：基于2001—2012年的数据［J］. 中国职业技术教育，2013（33）：33－37.

[62] 武博，罗秋兰. 区域中等职业教育专业结构优化的问题与对策［J］. 教育与职业，2018（2）：15－20.

[63] 黄正轴，徐谷，熊秀芳，等. 中等职业教育专业设置与区域产业对接实证研究：以武汉市48所中等职业学校为例［J］. 中国职业技术教育，2018（11）：35－39.

[64] 暴康敏，曹晔. 滇西中等职业学校专业设置与产业结构适应性研究：基于精准扶贫的视角［J］. 职业技术教育，2018，39（30）：57－61.

[65] 薄国华. 山西省中等职业教育专业建设现状分析及发展对策

[J]. 教育理论与实践，2020，40（18）：29－31.

[66] 刘六生. 省域高等教育结构调整研究：以云南省为例 [D]. 沈阳：辽宁师范大学，2011.

[67] 潘懋元. 新编高等教育学 [M]. 北京：北京师范大学出版社，1996：12－14.

[68] 郝克明，汪永铨. 中国高等教育结构研究 [M]. 北京：人民教育出版社，1987：6－120.

[69] 高书国，李捷，石特. 新时代中国高等教育结构调整的战略研究 [J]. 高校教育管理，2019，13（3）：1－9.

[70] 刘晖，马浚锋. 高等教育结构与质量的中国经验 [J]. 教育发展研究，2020，40（7）：22－28.

[71] 祁占勇，杜越. 我国高等教育结构改革的过程与成效：以《教育规划纲要》为轴 [J]. 高等教育研究，2020，41（12）：30－39.

[72] 李海东，杜怡萍，刘慧慧. 高等职业教育专业设置与经济发展的适应性研究 [J]. 中国职业技术教育，2013（6）：23－27.

[73] 杜怡萍. 广东省中等职业教育专业布局结构研究 [J]. 职业技术教育，2013（28）：25－28.

[74] 王毓，严振. 广东高等职业教育发展历程及特点：基于粤、苏、浙、鲁高职发展指标的比较研究 [J]. 职业技术教育，2008（7）：25－29.

[75] 屈孝初. 职业教育对区域经济的贡献率研究：基于广东、湖南两省的分析 [J]. 求索，2014（4）：182－185.

[76] 林海龙. “双高计划”视域下广东高等职业教育扩容提质研究：基于服务“双区”的发展思路 [J]. 职业技术教育，2020，41（27）：67－74.

[77] 特罗. 从大众高等教育到普及高等教育 [J]. 北京大学教育评论，2003，1（4）：5－16.

[78] 天野郁夫. 21世纪的高等教育系统：特罗理论的再思考 [J]. 现代大学教育，2007（5）：1－5.

[79] 天野郁夫. 高等教育的结构变化 [J]. 复旦教育论坛，2003 (2)：54－58.

[80] 胡建华. “后发国家”高等教育大众化的基本特点 [J]. 教育发展研究，2002 (1)：31－32.

[81] 李从浩. 马丁·特罗的高等教育大众化理论再探讨 [J]. 教育评论，2006 (2)：95－97.

[82] 石伟平. 当前世界高职教育发展趋势及其对我国的启示 [J]. 天津职业大学学报，2003 (5)：17－21.

[83] BEDDIE F, ASSOCIATES. The outcomes of education and training what the Australian research is telling us, 2011-14, 1 [R]: http://www.ncver.edu.au/, 2015.

[84] ANA, ROTHES, MARINA, et al. International conference on education & educational psychology 2013 (ICEEPSY 2013) assessment practices for competency based education and training in vocational college [J]. Procedia social and behavioral sciences, 2014 (112): 1070－1076.

[85] TAM, BANG, VU, et al. Vocational or university education? A new look at their effects oneconomic growth [J]. Economics letters, 2012 (117): 426－428.

[86] 顾明远. 教育大辞典 [M]. 上海：上海教育出版社，1992.

[87] 高鸿业. 西方经济学：微观部分 [M]. 5版. 北京：中国人民大学出版社，2000：13－57.

[88] 刘汉屏. 公共经济学 [M]. 北京：中国财政经济出版社，2002.

[89] 吴克明. 教育供求新探 [J]. 教育与经济，2001 (3)：52－55.

[90] 王雁琳. 从供给驱动到需求驱动：职业教育和培训的制度变迁 [J]. 教育与经济，2013 (4)：42－46.

[91] 黄群慧，李芳芳. 中国工业化进程报告：1995—2020 [M]. 北京：社会科学文献出版社，2020.

[92] 扈中平. 人的全面发展 [M]. 成都：四川教育出版社，1988.

[93] 广东省教育厅. 建设世界高水平现代化职业教育体系，2020.

[94] 和震. 我国职业教育政策三十年回顾 [J]. 教育发展研究, 2009 (3): 32-36.

[95] 陈衍. 中国职业教育国际竞争力比较分析 [J]. 教育研究, 2009 (6): 63-68.

[96] 白汉刚. 中国职业教育体系的演化历程 [J]. 中国职业技术教育, 2012 (18): 60-64.

[97] 姜明文. 大力发展职业教育: 我国经济社会发展新阶段的必然选择 [J]. 中国职业技术教育, 2012 (21): 56-60.

[98] 邢晖. 中国职业教育跨区域合作的政策分析 [J]. 中国职业技术教育, 2011 (11): 15-18.

[99] 许玲. 区域高等教育与经济发展水平协调性研究: 基于2004年和2011年横截面数据的分析 [J]. 教育发展研究, 2014 (1): 24-29.

[100] 刘春生, 徐长发. 职业教育学 [M]. 北京: 教育科学出版社, 2002.

[101] 马建富. 职业教育学 [M]. 上海: 华东师范大学, 2008.

[102] 李向东, 卢双盈. 职业教育学新编 [M]. 2版. 北京: 高等教育出版社, 2009.

[103] 马庆发. 当代职业教育新论 [M]. 上海: 上海教育出版社, 2002.

[104] 刘桂林. 中国近代职业教育思想研究 [M]. 北京: 高等教育出版社, 1997.

[105] 欧阳河. 职业教育基本问题研究 [M]. 北京: 教育科学出版社, 2006.

[106] 吴玉琦. 中国职业教育史 [M]. 长春: 吉林教育出版社, 1991.

[107] 肖化移. 高等职业教育质量标准的研究 [D]. 上海: 华东师范大学, 2004.

[108] 陈明昆. 中国经济转型期职业教育可持续发展研究 [D]. 天津: 天津大学, 2010: 80.

[109] 杜利. 我国职业教育发展的理论与实证研究 [D]. 武汉：武汉理工大学，2008.

[110] 范先佐. 教育经济学 [M]. 北京：人民教育出版社，2002.

[111] 李蔺田. 中国职业技术教育史 [M]. 北京：高等教育出版社，1994.

[112] 中华人民共和国国家教育委员会. 中华人民共和国普通中等专业学校专业目录 [M]. 北京：高等教育出版社，1993.

[113] 中华人民共和国教育部. 中等职业学校专业目录 [M]. 北京：高等教育出版社，2000.

[114] 杨金土. 20 世纪我国高职发展历程回顾 [J]. 中国职业技术教育，2017 (9)：5－17.

[115] 王扬南. 职业教育专业目录沿革、作用与实施 [J]. 中国职业技术教育，2021 (7)：9－14

[116] 中华人民共和国教育部. 中等职业学校专业目录 [M]. 北京：高等教育出版社，2010.

[117] 中华人民共和国教育部. 普通高等学校高等职业教育（专科）专业目录及专业简介：2015 年 [M]. 北京：中央广播电视大学出版社，2015.

[118] 和震. 世界银行职业教育政策的演变 [J]. 清华大学教育研究，2010 (1)：66－69.

[119] 姜大源. 职业教育学研究新论 [M]. 北京：教育科学出版社，2007.

[120] 曹晔. 我国现代职业教育体系建设历程与发展趋势 [J]. 职教论坛，2012 (25)：44－48.

[121] 关世雄. 成人教育辞典 [M]. 北京：职工教育出版社，1990：430.

[122] 周明星. 职业教育学通论 [M]. 天津：天津人民出版社，2002：73.

[123] 黄群慧. 中国的工业化进程：阶段、特征与前景 [J]. 经济

与管理，2013（7）：5－8.

［124］高鸿业．西方经济学：宏观部分［M］．北京：中国经济出版社，1996.

［125］林钜银．近年中等技职教育发展情形与未来定位之探讨专案调查研究报告［R］．台北，2013.

［126］董仁忠．“大职教观”视野中的职业教育制度变革研究［D］．上海：华东师范大学，2008.

［127］陈潭．公共政策学［M］．长沙：湖南师范大学出版社，2003.

［128］涂尔干．社会分工论［M］．渠东，译．北京：生活·读书·新知三联书店，2008.

［129］樊钉．公共政策［M］．北京：国家行政学院出版社，2005.

［130］姜大源．当代德国职业教育主流教学思想研究：理论、实践与创新［M］．北京：清华大学出版社，2007.

［131］李允杰，丘吕泰．政策执行与评估［M］．北京：北京大学出版社，2008.

［132］楼世洲．职业教育与工业化：近代工业化进程中江浙沪职业教育考察［M］．上海：学林出版社，2008.

［133］裴娣娜．教育研究方法导论［M］．合肥：安徽教育出版社，2003.

［134］刘良华．教育研究方法专题案例［M］．上海：华东师范大学出版社，2007.

［135］孙绵涛．教育政策学［M］．北京：中国人民大学，2010.

［136］袁振国．教育政策学［M］．南京：江苏教育出版社，2001.

［137］董仁忠．社会中介组织参与职业教育研究报告（上、下）［J］．职教论坛，2009（7、8）.

［138］刘俊学．基于教育服务的高等教育供求关系研究［M］．长沙：湖南大学出版社，2009.

［139］徐辉．高等教育发展的新阶段：论大学与工业关系［M］．杭

州：杭州大学出版社，1990.

［140］王清连，张社字. 职业教育社会学［M］. 北京：教育科学出版社，2008.

［141］徐国庆. 职业教育原理［M］. 上海：上海教育出版社，2007.

［142］吕红. 澳大利亚职业教育课程质量保障的研究［D］. 重庆：西南大学，2009.

［143］萨缪尔森，诺德豪斯. 经济学［M］. 萧琛，译. 北京：人民邮电出版社，1999.

［144］默顿. 社会理论和社会结构［M］. 唐少杰，齐心，等译. 南京：译林出版社，2006.

［145］布迪厄，帕斯隆. 再生产：一种教育系统理论的要点［M］. 邢克超，译. 北京：商务印书馆，2004.

［146］GILLIAN GOOZEE. The development of TAFE in Australia［R］. NCVER，2001.

［147］布迪厄. 国家精英：名牌大学与群体精神［M］. 杨亚平，译. 北京：商务印书馆，2005.

［148］AQF ADVISORY BOARD. AQF：Implementation handbook fourth edition 2007［M］. Impact Printing Pty Ltd.，2007：1.

［149］何东昌. 中华人民共和国重要教育文献（1949—1997）［M］. 海口：海南出版社，1998.

［150］克拉克. 高等教育新论：多学科的研究［M］. 杭州：浙江教育出版社，2001.

［151］苗静. 台湾地区技职教育体系研究［D］. 石家庄：河北师范大学，2008.

［152］KAREN L，JENNIFER L，et al. Career and technical education in the United States：1990 to 2005 statistical analysis report［R］. U. S. Department of Education，2008：8.

［153］Career Clusters At-a-Glance［EB/OL］.［2013 - 01 - 20］.

http://www.careertech.org/career-clusters/glance/careerclusters.html.

[154] 布鲁贝克. 高等教育哲学 [M]. 杭州：浙江教育出版社，2001：88.

[155] 谢维和. 教育改革发展新阶段及其主要特征 [J]. 理论参考，2014 (8)：14-16.

[156] 联合国教科文组织. 国际教育标准分类法 (2011) [EB/OL]. (2011-09-05). http://www.uis.unesco.org/Education/Pages/international-standard-classification-of-education.aspx.

[157] 赖晓琴. 基于《国际教育标准分类法 (2011 年)》的现代职业教育体系构建 [J]. 职业技术教育，2012 (28)：4.

[158] 冯向东. 高等教育结构博弈中的建构 [J]. 高等教育研究，2005 (5)：1-5.

[159] 克尔. 高等教育不能回避历史 [M]. 王承绪，译. 杭州：浙江教育出版社，2001：205.

[160] 邵元君，匡瑛. 国家职业标准：中高职衔接中培养目标定位的重要依据 [J]. 职教论坛，2012 (28)：51-53.

[161] 曹洪军. 普通高校本科毕业生就业的专业结构性矛盾研究 [D]. 北京：中国矿业大学，2011.

[162] 莫丽娟，王永崇. 建国以来国家高中阶段普职结构政策变迁 [J]. 现代教育管理，2011 (5)：35-37.

[163] 乔慧茹，孙绍荣. 我国高等教育层次结构的优化研究 [J]. 长春理工大学学报 (社会科学版)，2011 (1)：90-92.

[164] 张鸣，张艳丽. 山东省高等教育结构研究 [J]. 青岛科技大学学报 (社会科学版)，2010 (3)：96-98.

[165] 余祖光. 提高职业教育发展与社会需求的吻合度 [J]. 中国职业技术教育，2009 (346)：18-21.

[166] DAVE D M, REICHMAN N E, CORMAN. H, et al. Effects of welfare reform on vocational education and training [J]. Economics of education review, 2011 (30)：1399-1415.

［167］贾宁，吴雨倩. 论职业教育发展方式的转变［J］. 教育发展研究，2013（7）：16－20.

［168］蔡俊兰. 中国高等教育周期波动分析描述性事实1977—2009［J］. 理论月刊，2011（8）：94－98.

［169］彭干梓. 夏金星. 由器具向人转换的职业教育：职业教育的几个理论问题［J］. 职教论坛，2011（7）：25－29.

［170］王东. 对中职教育工具主义的反思［J］. 教育与职业，2010（32）：20－23.

［171］KUIJPERS M，MEIJERS F，GUNDY C. The relationship between learning environment and career competencies of students in vocational education［J］. Journal of vocational behavior，2011（78）：21－30.

［172］王文槿. 关于增强职业教育吸引力的国际文献综述［J］. 中国职业技术教育，2010（4）：64－66.

［173］李莹. 发展中国家中等职业教育与劳动力市场研究文献评述［J］. 辽宁教育研究，2008（7）：57－60.

［174］VOGTENHUBER S. The impact of within country heterogeneity in vocational specificity on initial job matches and job status［J］. Journal of vocational behavior，2014（85）：374－384.

［175］TANRISEVER S，ERIUENB Y. The evaluation of modular education programmes developed for the "modernization of vocational and technical education project"［J］. Procedia social and behavioral sciences，2009（1）：1384－1388.

［176］KULPA-PUCZYNSKA A. Teachers of polish vocational schools vs. changes in the model of employment and organization of work［J］. Procedia-social and behavioral sciences，2014（141）：969－975.

［177］SERMSUK S，CHIANCHANA C，STIRAYAKORN P. A study of model of vocational curriculum development under vocational education commission ssing cross-impact analysis［J］. Procedia-social and behavioral sciences，2014（116）：1896－1901.

［178］DEVEREUXA P J, WEN F. Earnings returns to the british education expansion ［J］. Economics of education review, 2011 (30): 1153－1166.

［179］MOLDOVAN L. Innovative models for vocational education and training in Romania ［J］. Procedia-social and behavioral sciences, 2012 (46): 5425－5429.

［180］KOUDAHLA P D. Vocational education and training: dual education and economic crises ［J］. Procedia-social and behavioral sciences, 2010 (9): 1900－1905.

［181］MOUZAKITIS G S. The role of vocational education and training curricula in economic development ［J］. Procedia-social and behavioral sciences, 2010 (2): 3914－3920.

［182］MCGRATH S. Vocational education and training for development: A policy in need of a theory? ［J］. International journal of educational development, 2012 (32): 623－631.

［183］HEERS M, KLAVEREN C V, GROOT W, et al. The impact of community schools on student dropout in pre-vocational education ［J］. Economics of education review, 2014 (41): 105－119.

［184］PEMA E, MEHAY S. Career effects of occupation-related vocational education: evidence from the military's internal labor market ［J］. Economics of education review, 2012 (31): 680－693.

［185］许玲．区域职业教育的结构性研究：以广东省为例［D］．北京：清华大学，2015.

［186］许玲，职业教育改革的关键在落实［N］．人民政协报，2019－02－28.

［187］陈伟雄，杨婷．中国区域经济发展70年演进的历程及其走向［J］．区域经济评论，2019（5）：28－38.

［188］肖化移．区域职业教育发展的理论思考［J］．职教通讯，2003（9）：3.

附　录

表 1　全国中等职业学校在校学生数（2011—2015 年）

单位：万人

专业大类	2015 年	2014 年	2013 年	2012 年	2011 年
农林牧渔类	104.77	132.40	172.23	218.86	225.96
资源与环境类	4.64	6.83	9.08	10.83	10.81
能源与新能源类	4.63	5.70	6.82	8.07	9.09
土木水利工程类	55.72	61.34	62.40	61.19	58.93
加工制造类	185.63	204.16	230.68	265.85	299.00
石油化工类	7.45	9.00	10.74	11.91	12.84
轻纺食品类	11.39	12.62	15.20	18.77	21.14
交通运输类	134.51	123.10	113.57	108.37	101.11
信息技术类	214.33	229.19	259.03	297.76	342.10
医药卫生类	140.11	146.58	147.09	153.95	165.07
休闲保健类	8.55	8.19	8.19	8.40	8.97
财经商贸类	154.41	157.07	167.34	184.11	186.82
旅游服务类	65.66	67.39	68.99	72.96	73.14
文化艺术类	68.02	69.66	74.84	79.44	84.15
体育与健身	12.42	11.88	12.19	12.82	12.40
教育类	131.30	136.70	139.65	131.91	111.73
司法服务类	4.61	5.38	6.24	7.03	7.90
公共管理与服务类	14.14	14.63	18.06	19.69	22.44
总数	1 322.30	1 401.82	1 522.34	1 671.93	1 753.61

数据来源：国家统计局网站。

表2　全国普通专科各专业大类在校生数（2011—2015年）

单位：万人

专业大类	2015年	2014年	2013年	2012年	2011年
农林牧渔大类	17.49	17.02	16.99	16.96	17.24
交通运输大类	56.21	50.71	46.63	43.62	40.14
生化与药品大类	21.22	21.11	21.75	22.68	23.76
资源开发与测绘大类	12.38	13.87	14.54	14.82	14.00
材料与能源大类	12.13	12.10	12.55	13.19	13.72
土建大类	118.20	120.04	113.86	105.05	95.01
水利大类	4.47	4.45	4.27	4.04	3.74
制造大类	135.94	129.15	124.29	126.19	127.96
电子信息大类	98.08	90.67	89.22	93.18	100.60
环保、气象与安全大类	4.52	4.47	4.49	4.56	4.54
轻纺食品大类	15.66	15.53	15.90	16.66	17.82
财经大类	222.01	213.83	207.82	206.10	203.21
医药卫生大类	117.82	108.55	99.54	92.58	86.39
旅游大类	32.97	32.56	32.09	32.28	32.32
公共事业大类	10.45	10.08	9.69	9.71	9.79
文化教育大类	106.21	101.28	99.24	101.57	105.92
艺术设计传媒大类	48.79	46.72	45.70	45.82	46.35
公安大类	3.27	3.39	3.47	3.24	3.65
法律大类	10.80	11.10	11.59	11.96	12.68
总计	1 048.62	1 006.63	973.63	964.21	958.84

数据来源：国家统计局网站。

表3　全国普通专科各专业大类在校生数（2017—2019年）

单位：万人

专业大类	2019年	2018年	2017年
农林牧渔大类	23.82	19.24	18.53
资源环境与安全大类	16.72	13.72	13.78
能源动力与材料大类	12.87	11.84	12.00
土木建筑大类	96.47	85.11	90.09
水利大类	4.79	4.32	4.27
装备制造大类	141.88	127.72	128.65
生物与化工大类	9.88	9.27	10.36
轻工纺织大类	6.42	5.66	5.24
食品药品与粮食大类	20.32	18.20	18.16
交通运输大类	82.69	73.04	66.20
电子信息大类	172.38	141.79	125.83
医药卫生大类	167.58	149.07	140.27
财经商贸大类	233.77	219.84	230.61
旅游大类	40.72	36.26	35.04
文化艺术大类	61.68	53.59	51.98
新闻传播大类	10.77	9.67	9.23
教育与体育大类	146.62	129.86	120.37
公安与司法大类	14.18	13.98	14.21
公共管理与服务大类	17.15	11.50	10.14
总计	1 280.71	1 133.68	1 104.96

数据来源：《中国社会统计年鉴—2018》《中国社会统计年鉴—2019》《中国社会统计年鉴—2020》。

后 记

《中国职业教育区域结构研究：1999—2019 年的实证分析》终于要付梓了。把书稿交付后，我如释重负。这是我在清华大学的博士论文的基础上修改完成的。修改的过程并不顺利，思路与进程屡屡被手头的许多事务性的工作打断，写作一直都是断断续续的。在写写停停的过程中，虽然效率是事倍功半的，但是对文中的一些观点的思考，却是更深入与理性了。及至该文稿入选岭南教育文库，得到资助出版的鼓励，我才下定决心进行系统性的修改完善，更新了 2015—2019 年的实证研究数据，完善部分研究结论，最终完成此稿。

正是那几年在清华大学的学习，使我打下了比较扎实的教育学的研究基础，并顺利从理工背景转型进入教育学研究领域。也正是因为基本具备了教育学领域研究者的视角与思维，为我之后在学校的工作与全国政协的建言献策工作提供了极大的帮助。

我的博士论文是 2015 年完成的，当时在论文中我就提出了“普职教育分流政策应具有区分度，不应不顾各区域经济发展程度差异巨大，教育结构差异巨大的情况，实施全国各区域统一的普职分流政策”的观点，也提出了“职业教育的专业结构中服务于第一产业与第二产业的专业大类的在校生比例偏少”的问题。这些在研究中发现的问题我逐步凝练成全国政协建言献策的提案，提案得到了相关部门的重视，也得到了媒体的支持；尤其是在 2022 年新修订的《职业教育法》中对普职分流问题提出“普职协调发展”，这体现了我国目前在不同阶段因地制宜、统筹推进职业教育与普通教育协调发展的新思路。作为教育研究者与建言献策者，我深感欣慰。

感谢我的导师清华大学谢维和教授，他总是敏锐地提出问题、迂回地启迪思维与因材施教的鼓励与支持，令我受益匪浅。从导师身上我努

力在学教育学最本质的东西，就是要做理论与实践结合的研究，要写朴实平和的教育文章。要做到文如其人。感谢导师一路的支持。

感谢清华大学的史静寰教授与袁本涛教授给了我很多的帮助！感谢中国矿业大学的葛世荣教授与西安理工大学李言教授的鼓励！感谢广东技术师范大学的同事们的支持。

最后要感谢我的爱人罗纪旋，在精神和生活上给予了我无私理解、支持和包容！

许　玲

2022 年 5 月 10 日于广州